2022 年度赛迪工业和信息化领域系列研究著作之

制造业高质量发展与财税政策

主　编　关　兵

副主编　张淑翠　李芳芳

電子工業出版社

Publishing House of Electronics Industry

北京·BEIJING

内 容 简 介

本书界定了制造业高质量发展的内涵，明确指出完善制造业高质量发展财税支撑政策体系的“24565”方法路径。为推动制造业高质量发展，财税政策制定应坚持系统思维、全局思维两大思维，遵循普惠性、非营利性、高风险性、融合性四大原则，以优化产业生态系统为导向，以产业链（供应链、销售链）、创新链、物流链、资金链、信息链五大链条为政策着力点，综合考虑经济周期、生产周期、产业周期、企业成长周期、研发创新周期、投融资周期六大产业发展规律及其带来的政策干扰因素，统筹好财税关系（补贴政策与税收政策关系）、采税关系（政府采购与税收政策关系）、产税关系（产业政策与税收政策关系）、金税关系（金融政策与税收政策关系）、税税关系（各税种间关系）五大关系。基于“24565”方法路径，本书深度剖析了保障制造业高质量发展的多元化路径，分析了我国支撑制造业发展的财税政策间协同需求、增值税改革等专题内容，还从顶层设计、政策着力点和实施关注点等不同分析维度，深度剖析了国外支撑制造业发展的财税政策对我国的启示。

本书是对制造业高质量发展的财税金融支撑政策进行全方位研究的综合性报告，可供工业和信息化领域及财税金融领域的主管领导、专家学者、研究人员参考借鉴。

图书在版编目（CIP）数据

制造业高质量发展与财税政策 / 关兵主编. —北京：电子工业出版社，2022.9
ISBN 978-7-121-44258-2

Ⅰ.①制… Ⅱ.①关… Ⅲ.①制造工业－工业发展－财政政策－研究－中国②制造工业－工业发展－税收政策－研究－中国 Ⅳ.①F426.4 ②F812.0

中国版本图书馆CIP数据核字（2022）第163275号

责任编辑：孙杰贤　　文字编辑：戴　新
印　　刷：北京虎彩文化传播有限公司
装　　订：北京虎彩文化传播有限公司
出版发行：电子工业出版社
　　　　　北京市海淀区万寿路173信箱　　邮编：100036
开　　本：787×1 092　1/16　印张：13.5　　字数：210 千字
版　　次：2022 年 9 月第1版
印　　次：2022 年 9 月第1次印刷
定　　价：66.00 元

凡所购买电子工业出版社图书有缺损问题，请向购买书店调换。若书店售缺，请与本社发行部联系，联系及邮购电话：（010）88254888，88258888。

质量投诉请发邮件至 zlts@phei.com.cn，盗版侵权举报请发邮件至 dbqq@phei.com.cn。

本书咨询联系方式：（010）88254282. jianghd@phei.com.cn。

前　言

当前，国际经贸形势复杂多变，不确定和不稳定因素增多，国内经济下行压力进一步加大，特别是中美经贸摩擦的长期性和复杂性将成为影响我国经济发展外部环境的最大变数，新冠肺炎疫情的突然暴发又对我国经济社会发展提出了新的挑战，我国迈向经济高质量发展的道路任重道远。制造业是立国之本、强国之基，作为实体经济主战场的地位不可动摇，对经济增长的拉动作用不可忽视。制造业高质量发展是实现经济持续健康发展不可或缺的重要基础。因此，推动制造业高质量发展，是实现脱贫攻坚、决胜建成小康社会的重要举措，也是推动我国产业向全球产业链价值链中高端迈进的根本要求，更是实现“两个一百年”目标的关键保障。

党的十九大报告指出：“使市场在资源配置中起决定性作用，更好发挥政府作用。”“更好发挥政府作用”不是采取更多的行政干预市场行为，而是强调政府尽到“守夜人”职责，通过相关政策手段，让市场机制充分发挥作用，让企业成为真正的市场主体，实现有效市场和有为政府共同推动制造业高质量发展。

财税政策是国家宏观调控最常用的经济手段之一，是市场优化资源配置、促进社会公平的切入点，也是应对突发性公共事件的有力抓手。例如，为防控新冠肺炎疫情紧急出台的相关财税政策，在快速恢复重点医疗物资生产、减少社会经济损失、保护中小微企业等方面发挥了积极的作用。那么，无论是从当前制造业发展面临的挑战来看，还是从实现制造业中长期发展目标来看，财税政策都应在“构建国内国际双循环相互促进的新发展格局”中，充分发挥宏观经济政策协调作用，推动制造业高质量发展。

本书在充分认识制造业高质量发展内涵和特征的基础上，借鉴并解析国外推动制造业发展的典型做法，充分考虑不同财税政策工具的优劣势，从制造业的产业链现代化、产业基础高级化、创新、融合、绿色、环境等多维视角提出建设性的政策建议，助力制造业高质量发展。

编者

目录

理论篇

第一章　研究背景、意义与目标……002

一、研究背景……002

（一）国际背景……002

（二）国内背景……004

二、研究意义与目标……006

（一）研究意义……006

（二）研究目标……006

第二章　制造业高质量发展与财税政策的内在逻辑……008

一、制造业高质量发展的重要意义、内涵与特征……008

（一）制造业高质量发展的重要意义……008

（二）制造业高质量发展的内涵与特征……009

二、财税政策是制造业高质量发展的重要支撑……011

三、制造业高质量发展对财税政策的内在要求……012

第三章　保障制造业高质量发展的财税政策传导机制……015

一、我国保障制造业高质量发展的财税金融政策传导机制存在的总体问题……015

（一）财税政策有待完善，传导机制输入不足……016

（二）关注与研究不足，传导机制尚不明晰……016

（三）政策生态体系构建尚未完善，政策协同传导有待加强……017

（四）传导机制存在不畅，政策效果有待提高……017
二、保障制造业高质量发展的财税政策传导机制理论框架……018
（一）财税政策传导机制总体框架……018
（二）新形势下的国际规则……020
（三）输入端：以财税政策为输入变量……021
（四）传导通道：以生产要素为中间目标……023
（五）输出端：以制造业高质量发展为最终目标……026
三、我国制造业高质量发展相关财税政策及其传导情况……027
（一）我国财税政策“输入—传导—输出”关系概览……027
（二）传导情况分类汇总……027
第四章　国外支撑制造业发展的财税政策对我国的启示……036
一、顶层设计注重统筹协调……036
（一）政策经验要与基本国情、改革方向相结合……036
（二）政策目标兼顾经济效益与社会效益……037
（三）选择性政策与功能性政策两者综合运用……038
二、政策着力点注重创新与关键需求侧……038
（一）重视激发研发环节多主体创新活力……038
（二）注重强化战略性、核心性产业的需求侧支撑……039
三、政策实施重视激发与增强市场活力……040
（一）政策工具借助市场主体力量发挥作用……040
（二）产业集群培育成为财税政策的有效抓手……040

路 径 篇

第五章　财税政策助力制造业产业链现代化的路径……042
一、制造业产业链现代化内涵……042
二、制造业产业链现代化特点……044
三、财税政策助力产业链现代化的思路与着力点……046
（一）财税政策助力产业链现代化的思路……046

（二）财税政策助力产业链现代化的着力点……047
第六章 财税政策助力制造业产业基础再造的路径……050
一、制造业产业基础现状……051
二、财税政策有效推动制造业产业基础再造且尚存“空间”……052
（一）财税政策有效推动制造业产业基础再造……052
（二）财税政策尚有推动制造业产业基础再造的“空间”……054
三、财税政策推动制造业产业基础再造的着力点……055
第七章 财税政策助力制造业创新能力提升的路径……057
一、制造业创新能力现状……057
二、财税政策有效增强制造业创新能力且尚存“空间”……060
（一）财税政策有效增强制造业创新能力……060
（二）财税政策尚有推动制造业创新能力提升的“空间”……066
三、财税政策推动制造业创新能力提升的着力点……069
第八章 财税政策助力制造业融合发展的路径……071
一、制造业融合发展现状……071
二、财税政策有效推动制造业融合发展且尚存“空间”……073
（一）财税政策有效推动制造业融合发展……073
（二）财税政策尚有推动制造业融合发展的“空间”……076
三、财税政策推动制造业融合发展的着力点……077
第九章 财税政策助力制造业环境改善的路径……079
一、制造业环境现状……079
二、财税政策有效推动制造业环境改善且尚存“空间”……080
（一）财税政策有效推动制造业环境改善……080
（二）财税政策尚有推动制造业环境改善的“空间”……083
三、财税政策推动制造业环境改善的着力点……085

专题篇

第十章　我国支撑制造业发展的财税政策间协同需求……088
一、税收政策……089
二、财政补贴政策……092
三、政府采购……094
四、政府引导基金……095
（一）政府引导基金政策现状……096
（二）政府引导基金对制造业发展的作用分析……096
（三）政府引导基金在引导制造业发展中存在的问题……097
五、推动制造业高质量发展的政策生态体系设计……098
（一）制造业政策结构……098
（二）我国制造业产业政策设计……100
第十一章　加大对制造业支撑的增值税改革力度……103
一、增值税税率调整……103
（一）增值税制度的改革历程……104
（二）增值税税率三档并两档分析……106
（三）电子信息行业两档并一档分析……113
二、增值税留抵退税……115
（一）增值税留抵退税政策现状……116
（二）增值税留抵退税政策影响分析……118
第十二章　加大对制造业支撑的税收优惠政策力度……124
一、研发费用加计扣除……124
（一）我国研发投入现状……125
（二）研发费用加计扣除政策沿革……126
（三）存在的问题……131
二、固定资产加速折旧……132
（一）固定资产加速折旧历史沿革……132

（二）存在的问题……135
第十三章 加大对制造业支撑的政府采购力度……137
一、我国政府采购支持制造业的发展情况……137
（一）我国政府采购大力促进制造业发展……137
（二）我国政府采购支持制造业发展存在的不足……138
二、政府采购对国产化的支持分析……141
（一）政府采购国内产品促进制造业高质量发展……141
（二）政府采购扶持制造业的政策效果直接显著……142
（三）地方政府采购支持制造业发展的典型案例……142
三、我国加入 GPA 对制造业的影响分析……143
（一）积极影响……144
（二）消极影响……145
四、政府采购推动制造业高质量发展的政策建议……145
第十四章 发挥对制造业支撑的政府引导基金带动作用……149
一、发展历程……149
二、发展现状……151
三、发展成效……152
四、发展存在问题……153
五、改革思路……156
第十五章 疫情初期及防控常态化后促进复工复产的财税政策……158
一、保障新冠肺炎疫情重点医疗物资的财税政策……158
（一）现行重点医疗物资的财税保障政策分析……158
（二）政策建议……160
二、疫情期间推动企业复工复产的财税政策建议……162
（一）当前各部委与地方疫情防控的财税政策分析……162
（二）政策建议……165

三、非典型肺炎疫情结束后广东省恢复经济发展的具体做法和新冠肺炎疫情后湖北省快速恢复经济发展的政策建议……167

（一）2003 年非典型肺炎疫情结束后广东省恢复经济发展的具体做法……167

（二）新冠肺炎疫情后湖北省快速恢复经济发展的政策建议……168

四、全球疫情蔓延给制造业带来的风险与机遇及我国财税应对之策……170

（一）全球疫情蔓延给制造业带来的风险与机遇……170

（二）全球疫情蔓延可能导致我国制造业遭受二次冲击……172

（三）政策建议……173

参考文献……175

附录 A　保障制造业高质量发展的财税政策及传导关系汇总表……184

第一类：支持创新优质的财税政策……184

第二类：支持安全开放的财税政策……193

第三类：支持绿色智慧的财税政策……195

第四类：支持协同共享的财税政策……198

理论篇

第一章

研究背景、意义与目标

当前，复杂多变的国内外环境倒逼我国发展路径转换。我国供给侧结构性改革进入深水区，再加上新冠肺炎疫情等突发公共卫生事件，制造业高质量发展面临诸多挑战。财税是国家宏观调控的关键着力点，是市场优化资源配置、促进社会公平的切入点，是实现制造业高质量发展、国家长治久安的制度保障，应紧抓“构建国内国际双循环相互促进的新发展格局”的战略发展机遇，发挥宏观经济政策协调作用，助力制造强国建设。

一、研究背景

（一）国际背景

国际政治经济关系日趋交织复杂，中美大国博弈常态化深度影响国内制造业高质量发展节奏，推动制造业高质量发展的财税政策也应适时调整，发挥更大作用。

近年来，全球经济低迷、贸易保护主义抬头、地缘政治矛盾凸显。鉴于我国综合国力日益增强，国际政治、经济的影响力越来越大，美国、欧盟等经济体对我国政策遏制持续强化，如美国采取“301 调查”、“232 调查”、技术封锁、出口管制等一系列措施，试图打压我国新一代信息技术、新材料、新能源等战略性新兴产业发展，打乱我国制造业高质量发展节奏。作为重要宏观调控工具，财税政策应适时发挥逆周期调节和推动结构调整的作用，应对国内外复杂局势，采取有效举措，为制造业高质量发展保驾护航。

全球制造业版图和竞争格局加速变化，我国制造业转型升级面临国际竞争“双重压力”，应增强财税政策的调节能力，纾缓制造业高质量发展进程中的各种矛盾。新一轮科技革命和产业变革正在世界范围内孕育兴起，叠加 2008 年金融危机的影响，美国、欧盟、日本等经济体重新审视制造业的地位和作用，把制造业视为促进经济繁荣和保障国家安全的重要基石，纷纷抢占未来产业制高点，加紧实施“再工业化”。新兴发展中国家充分发挥劳动力成本优势，如越南、印度尼西亚、印度等国家加快了对外开放的步伐，不断推进“快工业化”，在制造业部分领域已形成追赶竞争之势，替代我国成为“世界工厂”的意愿日益强烈。因此，我国制造业正面临着来自发达国家在高端制造业领先和新兴国家在中低端制造业追赶的“双向挤压”，倒逼我国制造业快速转型升级，否则制造业“空心化”的风险将不断增加，我国全球制造业大国的地位将受到严重威胁。这就需要进一步优化国内营商环境，鼓励企业自主创新，降低企业生产经营成本，稳定核心企业，吸引优质外资进驻。财税政策的调节作用与制造业企业研发投入、税费负担等密切相关，是决定产业发展的重要因素，应继续推动改革进程，优化产业营商环境，提高产业链安全。

国际投资和贸易规则面临深度调整，给我国制造业利用全球资源和市场实现转型升级带来新挑战，也对现有财税政策体系提出新要求。2008 年金融危机打破了世界原有贸易和投资格局，以新兴经济体为代表的发展中国家竞争力全面提升，对美国、欧盟等发达经济体构成了挑战。以美国为代表的主要发达经济体希望通过 WTO 改革构建新的标准或规则，并借助贸易投资谈判实现新一轮的经济复苏。特别是美国通过《美国-墨西哥-加拿大协定》等多重区域一体化安排，努力在美、日、欧建立零关税区域，企图重塑全球贸易规则，以取得战略上的主导权。这就迫使我国制造业唯有改变现有全球资源配置格局，加快推动市场转型升级，变“被动”为“主动”，才能适应全球经贸格局变化。在此大背景下，我国现有支撑制造业发展的财税政策体系已有所滞后，应精准把脉国际格局变化，对接国际市场需求，构建新时代下财税政策体系。

（二）国内背景

新时代赋予制造业发展新使命，深化财税支撑政策体系改革正当其时。党的十九大报告指出，“我国经济已由高速增长阶段转向高质量发展阶段，正处在转变发展方式、优化经济结构、转换增长动力的攻关期”。2017 年中央经济工作会议强调，“中国特色社会主义进入了新时代，我国经济发展也进入了新时代，基本特征就是我国经济已由高速增长阶段转向高质量发展阶段[1]。”2020 年 7 月，习近平总书记提出，“以国内大循环为主体，构建国内国际双循环相互促进的新发展格局”。当前，我国社会主要矛盾已转化为人民日益增长的美好生活需要和不平衡不充分的发展之间的矛盾，我国制造业还存在中高端供给能力不足、制造业基础能力和创新能力不强、产业结构不优、区域布局不合理等短板，发展不平衡不充分问题依然突出。这就要求制造业发展应以习近平新时代中国特色社会主义思想为指引，全面贯彻党的十九大和十九届二中、三中、四中全会及中央经济工作会议精神，坚持新发展理念，加快转变发展模式，打造新的发展引擎，推动产业基础高级化、产业链现代化，畅通国内国际双循环，迈向高质量发展阶段。

---

1 共产党员网，《中央经济工作会议举行 习近平李克强作重要讲话》。

对此，财税政策体系改革不是解一时之弊，而是着眼长远机制的系统性重构，随着新时代赋予制造业发展新使命而做出相应突破，为制造业高质量发展铺平可持续健康发展之路。

制造业发展模式深刻转变，亟须继续推动财税支撑政策体系改革。改革开放40多年以来，要素驱动的传统发展模式为支撑我国经济快速发展发挥了历史性作用，但同时所带来的资源低效耗费、环境污染、地区发展不平衡等矛盾日益突出，传统发展模式的可持续性受到挑战。随着资本边际收益不断下降，高技术引进壁垒不断增加，人口红利日益消失，制度改革进入深水区，经济发展模式、制造业发展路径亟待调整。党的十八大以来，供给侧改革不断深化，要素驱动模式正向创新驱动模式转变，制造业高质量发展已提上日程，随之深度改革调整的还有财税体制机制，财税政策在推动制造业高质量发展过程中发挥了积极有效的作用。以此次新冠肺炎疫情防控为例，国家及各级政府紧急出台了一系列财税政策举措，有效降低了疫情对制造业的影响程度，为制造业高质量发展继续推进提供了坚强的保障。

在疫情防控常态化之下推进制造业高质量发展，需要重视政策“组合拳”的作用。金融是现代经济的核心，财政是国家治理的基础和重要支柱，两者之间协同创新会发挥更大作用。从全球范围看，世界经济危机的爆发和蔓延，让人们普遍意识到，经济波动很难依靠单一政策平复，各个国家越来越重视经济政策的“组合拳”。以此次新冠肺炎疫情防控为例，得益于党中央国务院精准施策，我国经济在较短时间内快速恢复，企稳回升态势基本确立，积极财政政策和稳健货币政策功不可没。在疫情防控常态化之下推进制造业高质量发展，更需要财政金融协同驱动，创新方式、分类施策，打好政策“组合拳”。

二、研究意义与目标

（一）研究意义

党的十九大报告指出，“加快建设制造强国，加快发展先进制造业，推动互联网、大数据、人工智能和实体经济深度融合，在中高端消费、创新引领、绿色低碳、共享经济、现代供应链、人力资本服务等领域培育新增长点、形成新动能”。制造业高质量发展是制造强国建设的主要内涵和战略重点，从根本上决定了一个国家的综合实力和国际竞争力。财税政策作为推动制造业高质量发展的重要抓手，通过调整增值税税率、提供财政补贴等一系列深化改革措施，降低制造业企业成本，为制造业高质量发展营造优良营商环境，成为支撑制造业高质量发展的重要力量，及时开展财税政策深化研究，对促进制造业高质量发展，加快制造强国建设十分必要。

（二）研究目标

继续推动财税改革，为制造业高质量发展营造优良营商环境。全面系统研究当前推动制造业高质量发展的财税政策体系，重点剖析支撑制造业发展的财税政策间协同需求、增值税税率改革、财政补贴、政府引导基金等内容，研判财税政策给我国制造业高质量发展带来的深刻影响等，加快制造强国建设步伐。

夯实脱贫攻坚、小康社会、“两个一百年”奋斗目标的财税保障基础。制造业高质量发展初始阶段，如何有效发挥财税政策体系支撑作用，还有待于摸索实践。将财税理论应用于改革实践，以改革实践回答制造业高质量发展所面临的问题，实现理论与实践相结合，重点剖析财税政策改革举措对制造业高质量发展的影响，突出问题导向，及时纠偏校正，日益深化财税政策体系改革，进一步优化制造业高质量发展的政策环境，促进产业加速迈向全球产业链价值链中高端，推动脱贫攻坚、小康社会、“两个一百年”奋斗目标的财税保障更加坚实。

第二章

制造业高质量发展与财税政策的内在逻辑

2018 年年底，中央经济工作会议做出了推动制造业高质量发展的重大战略部署，这是应对国内国际复杂严峻形势、破解制造业深层次结构性矛盾的关键决策，具有重要意义。推动制造业高质量发展，既要尊重市场资源配置的决定性作用，又要注重政府作用的有效发挥。财税政策作为重要的宏观调控手段，根据变化进行适应性调整将对制造业高质量发展形成强大助推力。

一、制造业高质量发展的重要意义、内涵与特征

（一）制造业高质量发展的重要意义

从问题导向来看，制造业高质量发展是应对当前制造业发展主要矛盾和问题的现实要求。我国制造业承受国际经贸环境变化、中美大国关系转变、国内转型升级、公共突发事件等内外部压力，出现如行业利润长期低迷，制造业占 GDP 比

重“过快、过早”下降，产业外迁隐忧频现等现象，产业中高端供给能力不足，关键核心环节“卡脖子”，实体经济与金融、科技、人力资源等发展不协同的问题逐渐凸显，特别是新冠肺炎疫情事件，暴露出部分行业生产能力严重不足，甚至产业链存在断裂等问题，制造业的产业能力亟待提升，产业环境亟待改善。

从发展导向来看，制造业高质量发展是主动把握和创造战略机遇期的重要途径。制造业是技术创新的主战场，是生产范式与制造模式变革的主要实践领域。我国制造业发展正处于产业转型升级与新一轮科技革命和产业变革的历史交汇期和难得的战略机遇叠加期。推动制造业高质量发展，鼓励智能制造、服务型制造等新模式新业态的发展，有助于推动我国提升国际产业分工地位、增强制造业核心竞争力。

从目标导向来看，制造业高质量发展是推动制造强国建设，实现“两个一百年”奋斗目标的必由之路。推动制造业高质量发展，实现制造业领域的质量变革、效率变革、动力变革，是制造强国建设的重要内容。制造业是推动工业化和现代化的主力军，建设社会主义现代化强国，需要我国制造业在技术创新能力、资源利用效率、产业结构水平、信息化程度、企业竞争力等方面继续优化和提升。

（二）制造业高质量发展的内涵与特征

制造业高质量发展是指一个国家或地区经济社会整体进入工业化中后期之后，制造业持续高级化发展，打造“创新优质、绿色智慧、安全开放、协同共享”的发展道路。在当前中美关系出现调整，国际经贸不稳定性、不确定性增加的情况下，制造业高质量发展要更加强调产业关键环节与技术的自主可控，更加强调产业链条的弹性与稳定性，更加强调极端情境下制造业对国内生产生活的保障供给能力。

创新优质。从产出维度来看，制造业高质量发展重在保障人民美好物质生活，应提高中高端产品供给能力，通过创新、管理等多维手段，提高产品的功能与可靠性，强化品牌效应。“创新”，即通过激发企业主体创新活力，探索服务型制造、个性化生产等新模式，提高精细化制造能力，精准对接市场需求，生产功能更精良的产品。“优质”，即通过强化国家质量基础建设，完善质量监管机制，加强制造企业质量管理建设，提高企业产品的可靠性。为了实现“创新优质”发展，必须依靠创新驱动，着力提升制造业创新能力，既要注重广泛激发企业创新活力，又要着力补足制造业基础研发短板，提升原始创新能力。

绿色智慧。从投入与生产维度来看，制造业高质量发展要通过生产模式、管理模式的不断升级优化，着重提高能源、资源、要素的利用效率，降低生产成本及伴生的环境成本等负面影响。“绿色”，即贯彻清洁、高效、低碳、循环等绿色理念，加大清洁能源利用比重，提高资源和能源利用效率，推动生产方式绿色化，实现制造业绿色环保、节能高效发展。“智慧”，即加快新一代信息技术与先进制造技术深度融合，夯实智能制造基础能力，推动制造业数字化、网络化、智能化发展，提高制造业生产效率与生产灵活性。为了实现“绿色智慧”发展，既要强化制造业范式变革，推动智能制造、服务型制造等模式创新，推动制造业融合发展，又要推动制造业绿色发展，坚持“两山论”。

安全开放。从产业体系维度来看，国际产业分工已形成“你中有我、我中有你”的态势，制造业高质量发展既是产业链不断迈向中高端的过程，也是不断夯实基础、保障产业链安全可控的过程，是构建国内国际双循环的关键着力点。“开放”是制造业高质量发展的必由之路，“安全”是开放条件下制造业高质量发展的基本要求，即制造业既要保障日常本土供应，维护国家物质供给安全，又要注重制造业产业链生态安全，加快关键核心技术攻关，提高应对产业发展“卡脖子”问题博弈能力，更要具备应对非典型肺炎、新冠肺炎疫情等公共突发事件的能力。为实现安全开放发展，必须全面贯彻党的十九大和十九届二中、三中、四中全会及中央经济工作会议精神，推动制造业基础能力高级化，强化制造业产业链安全。

协同共享。从宏观经济维度来看，制造业由高速增长转向高质量发展，要坚持稳中求进的工作总基调，在发展中解决问题、提高质量，确保制造业增速与比重在合理区间，国民经济稳定运行。“协同”，即区域间制造业专业化分工效应显著，具备产业链上下游配套协同，以及制造业与科技创新、现代金融、人力资源高效协同的发展能力。“共享”，即强调发展成果的分配要公平合理，居民、企业与政府均能分享发展成果，具有显著的获得感。为了实现“协同共享”发展，必须推动制造业环境改善，营造“亲清”政商关系，优化营商环境，提升制造业企业在高质量发展过程中的获得感。

推进制造业高质量发展，今后应着力强化如下发展路径：一是要强化制造业产业链安全，特别是在中美大国博弈常态化条件下，该路径的重要性将更加突出；二是推动制造业产业基础再造，补齐工业基础能力短板；三是大力提升制造业创新能力，强化高质量发展的驱动引擎；四是推动制造业融合发展，通过“两化融合”“两业融合”激发制造业发展新活力；五是推动制造业绿色发展，贯彻发展的“两山论”，提升可持续发展能力；六是推动制造业环境改善，为制造业高质量发展营造良好的成本要素环境、产业营商环境。

二、财税政策是制造业高质量发展的重要支撑

财税政策能够发挥稳定经济的作用，保障制造业发展具有稳定的宏观经济环境。近年来，政府出台降低增值税税率、小微企业所得税优惠、个人所得税改革、研发费用加计扣除优惠、固定资产加速折旧优惠和降低企业社保费率等多项减税降费举措，减负政策力度空前，为当前稳定经济运行、增强制造业从业主体信心起到了保驾护航的作用。

财税政策能够发挥方向引导的作用，激发市场主体参与制造业转型升级的积极性。针对具有战略意义的核心产业及部分面临“卡脖子”问题的产业核心环节，以及新冠肺炎疫情等公共突发事件冲击产业链安全，部分行业的生产制造、销售

等环节受阻，甚至断裂，政府通过财税政策倾斜，如税收优惠、财政补贴、政府引导基金扶持、政府采购等方式，既能对相关领域从业企业给予实质性帮扶，又能起到良好的信号预期作用，引导市场主体加大相关领域的投入力度。

财税政策能够发挥产业调控的作用，推动制造业稳健迈向高质量发展。产能结构性过剩或不足是市场机制自发调节、难以规避的客观现象，受产能投建、企业预期等多重因素影响。此外，新冠肺炎疫情等重大公共突发事件将推动5G、人工智能等新兴产业技术创新与突破。单纯依靠市场自发调节将导致产业调控速度过慢。制造业从高速增长转向高质量发展，政府能通过财税政策干预制造业产能结构性调整的进程，加速制造业转型升级步伐。

三、制造业高质量发展对财税政策的内在要求

为了推动制造业高质量发展，财税政策制定应遵循普惠性、非营利性、高风险性、融合性四大原则，即政策受益范围应具普遍性、公平性；政策支持对象不以短期盈利水平为筛选标准，聚焦真正需帮扶的行业、企业；政策应向高风险、高技术领域倾斜，提振社会资本投资信心，弥补市场缺位；政策应着力推动“两化融合”“两业融合”，顺应新一轮科技革命发展趋势。

财税政策制定应具有系统思维、全局思维，以优化产业生态系统为导向，以产业链（供应链、销售链）、创新链、物流链、资金链、信息链五大链条为政策着力点，综合考虑经济周期、生产周期、产业周期、企业成长周期、研发创新周期、投融资周期等产业发展规律及带来的政策干扰因素。

财税政策制定要依托于包括税收政策、财政补贴支持、政府采购政策、政府引导基金政策等在内的多元政策工具体系；要强调政策的协调性，统筹财税关系（补贴政策与税收政策关系）、采税关系（政府采购与税收政策关系）、产税关系（产业政策与税收政策关系）、金税关系（金融政策与税收政策关系）、税税关系

（各税种间关系）等；要注重政策的灵活性，以适应不同情景、不同发展阶段、不同产业及环节。

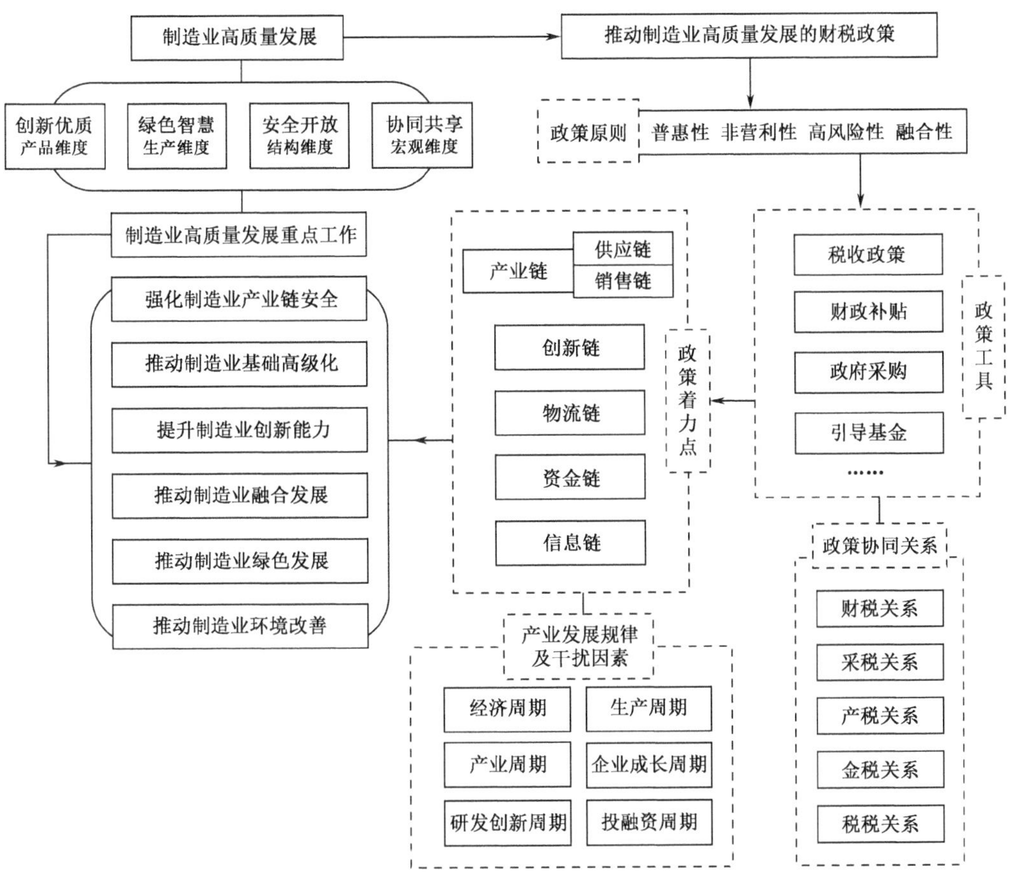

图 2-1　推动制造业高质量发展的财税政策研究思路

支撑制造业高质量发展的财税政策要统筹在建立现代财税制度的改革框架下。2020 年 5 月出台的《关于新时代加快完善社会主义市场经济体制的意见》从中央和地方财政关系、预算制度、税收制度三大改革领域论述现代财税制度，提出要建立“权责清晰、财力协调、区域均衡”的中央和地方财政关系，完善“标准科学、规范透明、约束有力”的预算制度，深化税改，健全地方税体系[1]。高质量发展的财税支持政策要统筹在现代财税制度改革框架下。以数字经济发展

1《中共中央、国务院关于新时代加快完善社会主义市场经济体制的意见》，2020 年 5 月。

为例，相关财税机制建立需要注重预算制度协调，地方政府专项债券、政府引导基金等政策工具预算绩效管理工作亟待强化；需要注重各级财税支持政策的整合规范问题，如地方优惠政策滥用增加财税政策合规性管控难度；需要注重财税工具对新模式、新业态的适应调整，如数字经济业务课税面临府际税收分配公平性争议。

第三章

保障制造业高质量发展的财税政策传导机制

制造业是立国之本、兴国之器、强国之基。制造业高质量发展关系到经济高质量发展的全局，必须将其摆在更加突出的位置。财税政策是支撑制造业高质量发展的必要保障，传导机制是财税政策作用于制造业，实现制造业高质量发展的传递管道。本章从研究背景与意义出发，提炼并总结了我国保障制造业高质量发展的财税金融政策传导机制存在的问题，创造性地提出了保障制造业高质量发展的财税政策传导机制理论框架，分析了传导机制输入端、传导通道和输出端分别包括哪些内容，系统梳理了我国现有制造业高质量发展相关的财税政策及其传导情况，进而提出了保障制造业高质量发展财税政策传导机制构建与疏浚的对策建议。

一、我国保障制造业高质量发展的财税金融政策传导机制存在的总体问题

目前对保障制造业高质量发展的财税金融政策传导机制的研究较少，该领域

尚存在传导机制输入端财税政策有待完善、传导机制尚不明晰、传导机制存在不畅等问题。

（一）财税政策有待完善，传导机制输入不足

财税政策主要包括财政政策和税收政策，其中财政政策主要包括专项资金、政府采购等财政政策，税收政策主要包括增值税、企业所得税、关税等方面的调控政策。针对制造业高质量发展的创新优质、绿色智慧、安全开放、协同共享等4个方面，我国已出台了一系列政策文件，但是仍存在关于制造业高质量发展的财税政策体系性不强、政策措施普惠性不高等问题。比如，在创新能力方面，已出台了50多条相关政策，涉及所得税优惠、财政补贴、政府采购等，而在绿色智慧方面已出台的政策则较少，涉及的工具也不够全面，其中关于新能源汽车的政策相对较多，而绿色制造、循环经济等针对生产方式变革的有益于制造业整体改善的政策则相对较少。综上所述，由于相关财税政策有待完善，所以从输入端看，目前我国保障制造业高质量发展的财税政策传导机制输入尚显不足，为应对“十四五”时期的挑战，应加快建立现代财政制度[1]。

（二）关注与研究不足，传导机制尚不明晰

目前对“保障制造业高质量发展的财税政策传导机制”的研究凤毛麟角。一方面，已有的政策传导机制研究侧重点不在财税政策，而主要在货币政策。国内外对于货币政策传导机制的研究已形成共识性的成熟理论，而对于财税政策传导机制，即便有少量相关研究，也多选取价格、收入等与制造业关联较弱的变量。

1 汪德华，张彬斌．“十四五”时期我国财政运行的宏观经济环境及基本定位[J]．工信财经科技，2021（2）：8-25.

比如，安体富和孙玉栋[1]认为税收传导机制是指政府制定税收政策，通过税种、征税对象、税率、税收优惠和税收处罚等具体政策工具对政策对象施加影响，引起税收收入等中间变量的变化，最后影响产出、物价和就业等方面，以实现经济社会可持续发展的整个过程及其运作机理。另一方面，制造业高质量发展是近几年才提出的新战略，相关的政策不多，政策效果尚有待时间检验，因此开展保障制造业高质量发展的财税政策传导机制研究的基础资料较少，有较大难度，在很大程度上造成保障制造业高质量发展的财税政策传导机制尚不明晰。

（三）政策生态体系构建尚未完善，政策协同传导有待加强

目前我国出台了数量众多的财税政策、金融政策、产业政策等，其内容也广泛涉及经济运行领域的方方面面，形成了颇具规模的政策集合。但是，从实践来看，政策数量的扩充并没有达到预期的效果，政策生态体系构建尚未完善，政策间的协同传导仍然存在较多问题。一是财税政策、金融政策、产业政策等自身的传导路径不畅，协同发力更为艰难；二是面对复杂的国际形势，贸易、投资等涉外政策与国内政策协调互动有待加强，政策的国际与国内传导机制有待进一步研究；三是宏观政策与微观政策的协同应用缺乏细致规划，政策从宏观层面传导到微观层面效果不佳；四是从短期刺激应急政策到长期战略规划政策的传导影响模糊不清，政策周期的设计与实施缺乏统筹规划。

（四）传导机制存在不畅，政策效果有待提高

日前我国保障制造业高质量发展的财税政策的传导机制存在不通畅的现象，不少政策未达到预期的效果。以财政补贴为例，以财政补贴为主的技术创

1 安体富，孙玉栋．中国税收负担与税收政策研究．北京：中国税务出版社，2006.

新激励政策是世界各国通行的技术激励政策，在我国产业发展的过程中，产业补贴在推动产业规模扩张、装备水平提升方面发挥了重要作用，但近年来负面效应突出，中国社会科学院江飞涛研究员认为主要体现在以下几个方面。一是破坏公平竞争，造成竞争扭曲，导致过度投资与产能过剩。二是保护低效率企业，导致优胜劣汰受阻，不利于配置效率的改进与过剩产能的自发调整。三是补贴的大量存在及当前补贴多为选择性补贴的特征，容易滋生设租寻租行为，反而不利于激发创新。四是大规模、不透明、名目繁多的产业补贴，成为贸易摩擦关注的焦点。

二、保障制造业高质量发展的财税政策传导机制理论框架

基于对保障制造业高质量发展的政策、内涵和影响要素等研究，本章根据经济学经典理论和最新实践，创造性地提出了保障制造业高质量发展的财税政策传导机制理论框架，在 3 个方面取得了重大创新：①创立了以生产要素为中间目标，以“财税政策-生产要素-高质量发展”为传导通道的财税政策传导理论；②创造了网络化梳理财税政策体系的新理论和新工具；③提出了由输入端四类财税政策、中间目标五大生产要素、输出端四大最终目标排列组合的八十条传导路径，并且随着研究的深入，以及输入端、中间目标和输出端内容的不断丰富，财税政策传导路径还将进一步增加。

（一）财税政策传导机制总体框架

经济学经典理论中影响产出的有劳动、资本、土地等要素。然而，不同于传统的劳动、资本、土地等初级要素，影响制造业高质量发展的要素更加高级化，以人才、资本、技术、制度、数据等高级要素为主（其中人才和资本是初级要素中劳动和资本的升级版）。因此，本章构建了如图 3-1 所示的保障制造业高质量

发展的财税政策传导机制总体框架，其中输入端是保障制造业高质量发展的财税政策，包括税收政策、财政补贴、政府采购、政府引导基金等；传导通道上的中间目标主要是高级生产要素，包括人才、资本、技术、制度、数据等；输出端的最终目标是制造业高质量发展，包括创新优质、绿色智慧、安全开放和协同共享等方面的内容。另外，在中美贸易摩擦长期存在的形势下，我国要采取“竞争中性”，财税政策从偏下游的产品制造向上游的研发设计靠拢等原则，不断加快与国际规则接轨的步伐。

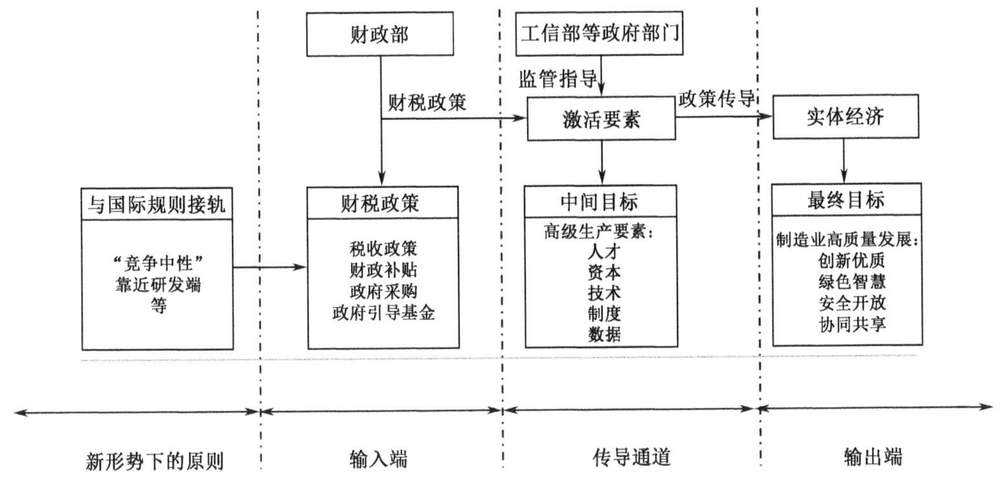

注：虽然生产要素不止 5 类，但受篇幅限制，本章仅列出了人才、资本、技术、制度、数据这 5 类对制造业高质量发展影响较大的生产要素。随着研究的进一步深入，作为中间目标的生产要素的种类还会增多，传导路径也将随之增加。

图 3-1　保障制造业高质量发展的财税政策传导机制总体框架

整个传导机制分为“输入-传导-输出”3 个环节，相邻环节的不同维度两两组合，形成关系网，由于输入端含有 4 类财税政策（税收政策、财政补贴、政府采购和政府引导基金）、中间目标含有 5 大生产要素（人才、资本、技术、制度和数据）、输出端含有 4 大最终目标（创新优质、绿色智慧、安全开放和协同共享），经排列组合可得 80 条传导路径。表 3-1 展示了以“税收政策”作为输入端政策类型的 20 种传导路径，以此类推可得以其他政策作为输入端政策类型的传导路径。

表 3-1 以“税收政策”为输入端政策类型的传导路径

序号	政策类型	中间目标	最终目标	序号	政策类型	中间目标	最终目标
1	税收政策	人才	创新优质	11	税收政策	技术	安全开放
2	税收政策	人才	绿色智慧	12	税收政策	技术	协同共享
3	税收政策	人才	安全开放	13	税收政策	制度	创新优质
4	税收政策	人才	协同共享	14	税收政策	制度	绿色智慧
5	税收政策	资本	创新优质	15	税收政策	制度	安全开放
6	税收政策	资本	绿色智慧	16	税收政策	制度	协同共享
7	税收政策	资本	安全开放	17	税收政策	数据	创新优质
8	税收政策	资本	协同共享	18	税收政策	数据	绿色智慧
9	税收政策	技术	创新优质	19	税收政策	数据	安全开放
10	税收政策	技术	绿色智慧	20	税收政策	数据	协同共享

资料来源：根据有关资料整理，2021 年。

（二）新形势下的国际规则

随着世界经济深度调整，单边主义和保护主义抬头，WTO 在决策和功能等方面的问题日渐凸显，WTO 规则改革在多方利益博弈中进行。在此背景下，产业政策和补贴的规范使用是各界关注的重点问题。

现行 WTO 规则下补贴违规主要有两种：一种是禁止性补贴，另一种是可诉补贴。认定的要素主要包括补贴、获益、专项性。补贴的认定标准一般是政府或公共机构提供的财政资助（包括资金的直接转移、税收、政府提供货物或购买货物、基金投资或政府委托私营企业提供财政资助等），即主要根据提供者是否为政府或公共机构来判断。

获益的认定标准一般是高于市场的回报，即市场行为获得的股权回报不会被认为是获益，但如果市场的贷款利率是 7%，而政府对企业的贷款利率是 5%，则认为2%的差价是补贴。

专项性的认定标准一般有两点：一是专项性指补贴面对特定的企业或特定的产业，或者一群企业、一群产业；二是只要是禁止性补贴，即认为存在专项性。

结合美、欧、日的提案，未来WTO改革呈现出两大趋势：一是严格现有标准，比如在对公共机构的认定上更加严格；二是增加新的规则，比如在出口补贴和进口替代补贴等禁止性补贴的基础上，扩大禁止性补贴的范围。因此，为应对新的国际规则，我国的财税政策应参考国际经验，遵循“竞争中性”原则和靠近研发端等原则。

（三）输入端：以财税政策为输入变量

为了促进我国制造业高质量发展，近年来，中央采取诸多措施，出台了一系列相关政策。目前支撑制造业发展的政策主要包括税收政策、财政补贴、政府采购和政府引导基金。由于篇幅所限，正文仅对各类财税政策进行举例说明，详细的政策名称、文号、主要措施、主要内容等详见附录A。

1. 税收政策

税收政策是政府制定的关于税种、征税对象、税率、税收优惠和税收处罚等政策，是财税政策的主要组成部分。制造业高质量发展的主体是制造业企业，涉及营业税、增值税、消费税、所得税、资源税、环境保护税等十余个税种。目前我国对制造业高质量发展相关的税收政策主要集中在所得税、增值税、关税等方面，比如《关于设备、器具扣除有关企业所得税政策的通知》（财税〔2018〕54号）、《关于提高研究开发费用税前加计扣除比例的通知》（财税〔2018〕99号）、《关于企业委托境外研究开发费用税前加计扣除有关政策问题的通知》（财税〔2018〕64号）等所得税政策；《关于深化增值税改革有关政策的公告》（财政部　税务

总局　海关总署公告2019年第39号）、《关于明确部分先进制造业增值税期末留抵退税政策的公告》（财政部　税务总局公告2019年第84号）、《关于提高机电、文化等产品出口退税率的通知》（财税〔2018〕93号）、《关于调整部分产品出口退税率的通知》（财税〔2018〕123号）等增值税政策；《关于扶持新型显示器件产业发展有关进口税收政策的通知》（财税〔2016〕62号）；《关于科技重大专项进口税收政策的通知》（财关税〔2010〕28号）、《关于调整部分产品出口退税率的通知》（财税〔2018〕123号）等关税政策。

2. 财政补贴

财政补贴是指政府在一定时期内，结合经济形势、产业发展及企业再发展，对企业提供的补助，起到对企业行为的引导作用。财政补贴是一种促进产业升级的、在实践中被很多国家采用的刺激性政策。我国围绕制造业高质量发展出台了多项财政补贴政策，比如在协同共享方面出台了《关于开展财政支持深化民营和小微企业金融服务综合改革试点城市工作的通知》（财金〔2019〕62号），以便民营和小微企业共享经济发展成果；在绿色智慧方面出台了《关于支持新能源公交车推广应用的通知》（财建〔2019〕213号）、《关于调整完善新能源汽车推广应用财政补贴政策的通知》（财建〔2018〕18号）、《关于做好2019年绿色循环优质高效特色农业促进项目实施工作的通知》（农办计财〔2019〕22号）等多项补贴政策。此外，还推出了国家高技术研究发展计划项目、国家科技支撑计划项目、国家重点基础研究发展计划、战略性新兴产业发展专项资金、国家重点产业振兴和技术改造专项资金、外经贸发展专项资金、国家电子专用设备仪器、新型电子元器件及材料产业化专项、国家重大科技成果转化项目、技术改造专项资金贷款贴息等专项计划。

3. 政府采购

政府采购是世界范围内被广泛采用的政策工具，是公共采购管理的基本制度，也是国家调控产业发展的有效手段。我国的政府采购对制造业高质量发展有不少支持，主要集中在创新优质、绿色智慧、协同共享等方面，比如《政府采购促进中小企业发展暂行办法》（财库〔2011〕181 号）、《节能产品政府采购实施意见》（国办发〔2004〕30 号）、《关于环境标志产品政府采购实施的意见》（财库〔2006〕90 号）、《关于调整优化节能产品、环境标志产品政府采购执行机制的通知》（财库〔2019〕9 号）等支持“首台套”、绿色节能环保、中小企业发展、脱贫攻坚等方面的政策。

4. 政府引导基金

政府引导基金作为一种成熟的政策工具，能够提升社会资本配置效率，满足企业融资需求，实现政府调整产业结构、促进产业发展的政策目标，最终推动制造业高质量发展。典型的国家级政府引导基金有国家集成电路产业投资基金、国家新兴产业创业投资引导基金等。此外，我国还出台了一系列与政府引导基金设立、筹资、运营等相关的促进性政策和管理政策，比如《关于加强地方预算执行管理激活财政存量资金的通知》（财预〔2013〕285 号）、《关于进一步做好盘活财政存量资金工作的通知》（国办发〔2014〕70 号）、《关于推进地方盘活财政存量资金有关事项的通知》（财预〔2015〕15 号）、《关于盘活中央部门存量资金的通知》（财预〔2015〕23 号）、《关于开展地方盘活财政存量资金有关情况专项检查的通知》（财监〔2015〕15 号）、《关于收回财政存量资金预算会计处理有关问题的通知》（财预〔2015〕81 号）等。

（四）传导通道：以生产要素为中间目标

生产要素作为财税政策的中间目标，为财税政策所直接调节，进而影响最终目标的实现。在生产要素的界定上，主要有以下几类观点：①马克思提出的生产要素包括劳动、劳动资料和劳动对象；②西方经济学中传统的生产要素主要包括人力、资本和土地；③波特将生产要素分为初级生产要素和高级生产要素，认为初级生产要素是指企业所处国家和地区的地理位置、天然资源、人口、气候及非技术人工、资金等，通过被动继承或简单的投资就可获得；高级生产要素包括高级人才、科研院所、高等教育体系、现代通信的基础设施等，需要在人力和资本上先期大量和持续地投资才能获得。**本章结合制造业高质量发展的内涵与要求，将与制造业高质量发展高度相关的生产要素分为人才、资本、技术、制度和数据，**其中人才和资本是人力和资本等传统生产要素的升级版，技术、制度和数据是高级生产要素。

1. 人才

这里的人才要素是人力这个传统的生产要素（也称劳动力）的升级版。由于新一代信息技术、智能制造等的广泛应用，劳动密集型产业不断转型升级，人力作为生产要素的作用不断被削弱。尤其是在制造业高质量发展的背景下，人口红利应及时向人才红利转变，推动中国经济高质量发展要加快提升人力资本，促进知识阶层崛起。

2. 资本

在传统的生产理论中，生产要素所有者的收入就是生产要素的价格，比如劳动者的收入就是工资，即劳动的价格；资本所有者的收入就是利息，即资本的价格。如今，资本这个传统生产要素也焕发出新的光彩，比如资本的获益方式更加灵活，不再局限于利息收入；资本的来源更加广泛，可以来自国内和国外，而且中国的开放力度会越来越大；资本的组成更加多元，包括国有、私有、公私合营；在利用方式上，资本的使用更加强调高水平使用。

3. 技术

“科学技术是生产力”是马克思主义的基本原理。“科学技术是第一生产力”

是邓小平提出的重要论断。技术按照不同的标准，有不同的分类，比如按产业划分，可分为集成电路技术、通信技术等；按通用性划分，可分为共性技术和个性技术；按技术难度划分，可分为一般技术和高新技术等。科技进步对中国经济增长具有明显的积极贡献，对提高中国科技进步贡献率意义重大。

4. 制度

一些学者认为应把“管理”作为生产要素，一些证据则指向把“环境”作为生产要素。工程管理中生产要素主要包括人（人力）、机（设备）、料（材料）、法（方法）、环（环境），其中的“法”与管理，“环”与“双创”时代、商事制度改革中常提到的营商环境不谋而合。不过综合来说，无论是“管理”还是“环境”，都有制度的影子。张鹏侠、张一鹤认为制度是反映生产关系的要素，是决定其他要素配置的要素[1]。企业发展的根本动力是什么、如何优化配置资源要素、如何激励劳动、非劳动要素因何和如何参与分配、企业与市场有怎样的关系、企业外部性问题等诸多重大问题之所以无法用传统生产要素解释，就是因为这些问题属于生产关系而不属于生产力方面的问题。综上所述，将制度纳入生产要素范畴非常必要。

5. 数据

工业和信息化部总经济师王新哲在出席 2018 年江苏互联网大会开幕式时指出，“以数据作为关键生产要素的数字经济正在成为新型经济形态”。把数据纳入生产要素是制造业高质量发展的内在要求。党的十九届四中全会明确把“数据”纳入生产要素范畴。数据作为一种新的生产要素，与制造业高质量发展息息相关。

---

1 张鹏侠，张一鹤. 论知识与制度的内涵及其作为生产要素的依据[J]. 社会科学辑刊，2012（3）：160-163.

（五）输出端：以制造业高质量发展为最终目标

制造业高质量发展是“保障制造业高质量发展财税政策传导机制”的最终目标，是我国制造业发展到一定阶段的战略方向，是我国进入工业化后期的必然选择。2018 年年底召开的中央经济工作会议进一步明确了新时代我国制造业发展的任务和方向，提出要推动制造业高质量发展，坚定不移地建设制造强国。只有高质量发展的制造业，才能支撑我国建设富强、民主、文明、和谐、美丽的社会主义现代化强国的宏伟目标。

制造业高质量发展以供给侧结构性改革为主线，以提升供给体系质量为主攻方向，以产业体系协同发展为基础，以增强制造业创新能力为核心驱动，以工业强基、智能制造、绿色制造为抓手，推动制造业质量变革、效率变革、动力变革。专家学者从创新、效率、效益、质量、结构等方面提出众多评价指标。

基于国家战略定位和专家学者的观点，本章依据 2018 年中央经济工作会议提出的“巩固、增强、提升、畅通”八字方针，从宏观调控、市场主体、产业生态、产业协同等方面出发，将制造业高质量发展的内涵界定为**创新优质、绿色智慧、安全开放、协同共享** 4 个方面。其中，“创新优质”包括技术创新、模式创新、产品创新、提高质量等内容，必须依靠创新驱动，着力提升制造业创新能力。“绿色智慧”是生产方式绿色化，实现制造业绿色环保、节能高效发展，以及推动制造业数字化、网络化、智能化发展，应强化制造业范式变革，推动智能制造、服务型制造等模式创新和融合发展。“安全开放”是在积极参与国际分工的同时，维护国家物质供给安全和制造业产业链生态安全，应推动制造业基础能力高级化，强化制造业产业链安全。“协同共享”是指区域间制造业专业化分工效应显著，具备产业链上下游配套协同的发展能力，以及成果分配公平合理，让居民、企业与政府均能分享发展成果，需要推动制造业环境改善，营造“亲清”政商关系，优化营商环境，提升制造业企业在高质量发展过程中的获得感。

三、我国制造业高质量发展相关财税政策及其传导情况

本节系统梳理了我国制造业高质量发展相关财税政策[1]及其传导情况，并从创新优质、绿色智慧、安全开放和协同共享 4 个方面进行了分类总结。

（一）我国财税政策“输入—传导—输出”关系概览

依据上文提出的保障制造业高质量发展的财税政策传导机制理论框架，基于对保障制造业高质量发展的政策、内涵和影响要素等进行研究，本节梳理了保障制造业高质量发展财政税收政策传导机制各环节对应关系，可以清晰地看到不同政策是通过何种中间目标传递到最终目标的，并且可以看到许多传导通道尚未被打通，比如目前经过“技术”这个中间目标传递到制造业高质量发展 4 个最终目标的通道都已被建立，即财税政策→技术→制造业高质量发展（创新优质、绿色智慧、安全开放和协同共享）都已建立传导通道，但以“人才”为中间目标的传导通道还没有完全被建立，比如财税政策→人才→绿色智慧、财税政策→人才→安全开放等传导通道尚未被有效建立，尤其是以“数据”为中间目标的传导通道还处于有待开发的空白期。

（二）传导情况分类汇总

本节第一部分总结了我国保障制造业高质量发展的财税金融政策传导机制存在的总体问题，包括传导机制输入端财税政策有待完善、传导机制尚不明晰、传

1 注：财税政策纷杂、难以穷举，本节尽可能多地收集样本并进行分类统计。

导机制存在不畅等。在对我国制造业高质量发展相关财税政策及其传导情况进行梳理后，我们发现从最终目标来看，高质量发展的四个方面分别具有不同的情况，有待进一步分类施策。

1. 创新优质

最终目标为“创新优质”的财税政策，大多通过以“技术”或“资本”为中间目标的路径传导，以“人才”或“制度”为中间目标的传导路径较少，尚未建立以“数据”为中间目标的传导路径。具体来看，以“财税政策-技术-创新优质”为传导路径的财税政策共有 35 条；以“财税政策-资本-创新优质”为传导路径的财税政策共有 12 条，其中有一条为政府引导基金汇总，由于政府引导基金数量众多无法展开，所以作为一条进行简化处理；以“财税政策-制度-创新优质”为传导路径的财税政策共有 3 条；以“财税政策-人才-创新优质”为传导路径的财税政策共有 2 条；以“财税政策-数据-创新优质”为传导路径的财税政策共有 0 条。

“创新优质”对应的部分财税政策及传导路径如表 3-2 所示。

表 3-2 “创新优质”对应的部分财税政策及传导路径

序号	政策名称	文号	中间目标
1	《关于引导企业创新管理提质增效的指导意见》	工信部联产业〔2016〕245 号	技术
2	《关于印发制造业创新中心等 5 大工程实施指南的通知》	无	技术
3	国家高技术研究发展计划项目	专项计划	技术
4	国家科技支撑计划项目	专项计划	技术
5	战略性新兴产业发展专项资金	专项计划	技术
6	国家重点产业振兴和技术改造专项资金	专项计划	技术
7	国家重大科技成果转化项目	专项计划	技术
8	技术改造专项资金贷款贴息	专项计划	技术
9	《制造业单项冠军企业培育提升专项行动实施方案》	工信部产业〔2016〕6 号	技术
10	《关于开展专精特新“小巨人”企业培育工作的通知》	工信厅企业函〔2018〕381 号	技术

续表

序号	政策名称	文号	中间目标
11	《关于加强国家重点实验室建设发展的若干意见》	国科发基〔2018〕64号	技术
12	《关于提高研究开发费用税前加计扣除比例的通知》	财税〔2018〕99号	技术
13	《关于企业委托境外研究开发费用税前加计扣除有关政策问题的通知》	财税〔2018〕64号	技术
14	《中华人民共和国企业所得税法实施条例》	中华人民共和国国务院令第512号	技术
15	《关于将服务贸易创新发展试点地区技术先进型服务企业所得税政策推广至全国实施的通知》	财税〔2018〕44号	技术
16	《中华人民共和国企业所得税法》	第二十八条	技术
17	《关于集成电路设计和软件产业企业所得税政策的公告》	财政部税务总局公告2019年第68号	技术
18	《关于扶持新型显示器件产业发展有关进口税收政策的通知》	财税〔2016〕62号	技术
19	《财政部国家税务总局科学技术部关于完善研究开发费用税前加计扣除政策的通知》	财税〔2015〕119号	技术
20	《财政部国家税务总局关于延长高新技术企业和科技型中小企业亏损结转年限的通知》	财税〔2018〕76号	技术
21	《关于提高科技型中小企业研究开发费用税前加计扣除比例的通知》	财税〔2017〕34号	技术
22	《关于促进企业技术进步有关财务税收问题的通知》	财工字〔1996〕41号	技术
23	《关于扩大企业技术开发费加计扣除政策适用范围的通知》	财税〔2003〕244号	技术
24	《关于企业技术创新有关企业所得税优惠政策的通知》	财税〔2006〕88号	技术
25	《企业研究开发费用税前扣除管理办法（试行）》	国税发〔2008〕116号	技术
26	《关于研究开发费用税前加计扣除有关政策问题的通知》	财税〔2013〕70号	技术
27	《关于企业研发费用加计扣除政策有关问题的公告》	国家税务总局2015年第97号	技术
28	《关于印发〈科技型中小企业评价办法〉的通知》	国科发政〔2017〕115号	技术
29	《关于促进企业技术进步有关财务税收问题的通知》	财工字〔1996〕41号	技术
30	《关于进一步鼓励软件产业和集成电路产业发展企业所得税政策的通知》	财税〔2012〕27号	技术
31	《自主创新产品政府首购和订管理办法》	财库〔2007〕120号	技术

续表

序号	政策名称	文号	中间目标
32	《国家重点基础研究发展计划》	专项计划	技术
33	《国家电子专用设备仪器、新型电子元器件及材料产业化专项》	专项计划	技术
34	《关于调整重大技术装备进口税收政策的通知》	财关税〔2009〕55号	技术
35	《关于科技重大专项进口税收政策的通知》	财关税〔2010〕28号	技术
36	《关于企业职工教育经费税前扣除政策的通知》	财税〔2018〕51号	人才
37	《关于科技人员取得职务科技成果转化现金奖励有关个人所得税政策的通知》	财税〔2018〕58号	人才
38	《关于推动小型微型企业创业创新基地发展的指导意见》	工信部联企业〔2016〕394号	制度
39	《关于大力推进大众创业万众创新若干政策措施的意见》	国发〔2015〕32号	制度
40	《国家中长期科学和技术发展规划纲要（2006—2020年）》	国发〔2005〕44号	制度
41	《关于创业投资企业和天使投资个人有关税收政策的通知》	财税〔2018〕55号	资本
42	《关于印发〈企业所得税税前扣除办法〉的通知》	国税发〔2000〕84号	资本
43	《关于下放管理的固定资产加速折旧审批项目后续管理工作的通知》	国税发〔2003〕113号	资本
44	关于印发《政府出资产业投资基金管理暂行办法》的通知	发改财金规〔2016〕2800号	资本
45	《关于创业投资引导基金规范设立与运作的指导意见》	国办发〔2008〕116号	资本
46	《关于加强地方预算执行管理激活财政存量资金的通知》	财预〔2013〕285号	资本
47	《关于进一步做好盘活财政存量资金工作的通知》	国办发〔2014〕70号	资本
48	《关于推进地方盘活财政存量资金有关事项的通知》	财预〔2015〕15号	资本
49	《关于盘活中央部门存量资金的通知》	财预〔2015〕23号	资本
50	《关于开展地方盘活财政存量资金有关情况专项检查的通知》	财监〔2015〕15号	资本
51	《关于收回财政存量资金预算会计处理有关问题的通知》	财预〔2015〕81号	资本
52	政府引导基金（截至2019年9月底有2000余支，10万亿元目标规模）	基金汇总	资本

资料来源：根据有关资料整理，2021年。

2. 绿色智慧

最终目标为“绿色智慧”的财税政策，大多通过以“技术”为中间目标的路径传导，以“制度”或“资本”为中间目标的路径较少，尚未建立以“人才”或“数据”为中间目标的传导路径。具体来看，以“财税政策-技术-绿色智慧”为传导路径的财税政策共有 8 条；以“财税政策-制度-绿色智慧”为传导路径的财税政策共有 5 条；以“财税政策-资本-绿色智慧”为传导路径的财税政策共有 4 条，其中有一条为政府引导基金汇总；以“财税政策-人才-绿色智慧”为传导路径的财税政策共有 0 条；以“财税政策-数据-绿色智慧”为传导路径的财税政策共有 0 条。

“绿色智慧”对应的部分财税政策及传导路径如表 3-3 所示。

表 3-3　“绿色智慧”对应的部分财税政策及传导路径

序号	政策名称	文号	中间目标
1	《关于支持新能源公交车推广应用的通知》	财建〔2019〕213 号	技术
2	《关于调整完善新能源汽车推广应用财政补贴政策的通知》	财建〔2018〕18 号	技术
3	《2018 年工业转型升级资金工作指南》	工信厅联规〔2018〕36 号	技术
4	《关于申请首台（套）重大技术装备保费补贴资金等有关事项的通知》	财办建〔2016〕60 号	技术
5	《中央财政清洁生产专项资金管理暂行办法》	财建〔2009〕707 号	技术
6	《可再生能源发展专项资金管理暂行办法》	财建〔2019〕298 号	技术
7	《节能减排补助资金管理暂行办法》	财建〔2015〕161 号	技术
8	《关于 2016—2020 年新能源汽车推广应用财政支持政策的通知》等	系列政策	技术
9	《关于做好 2019 年绿色循环优质高效特色农业促进项目实施工作的通知》	农办计财〔2019〕22 号	制度
10	《资源税征收管理规程》《资源税暂行条例实施细则》	国家税务总局〔2018〕13 号	制度
11	《中华人民共和国环境保护税法》	法律	制度
12	《关于资源综合利用及其他产品增值税政策的通知》	财税〔2008〕156 号	制度

续表

序号	政策名称	文号	中间目标
13	《关于调整优化节能产品、环境标志产品政府采购执行机制的通知》	财库〔2019〕9 号	制度
14	《关于公布环境保护节能节水项目企业所得税优惠目录（试行）的通知》	财税〔2009〕166 号	资本
15	《环境保护专用设备企业所得税优惠目录》	财税〔2017〕71 号	资本
16	《节能产品政府采购实施意见》	国办发〔2004〕30 号	资本
17	《关于环境标志产品政府采购实施的意见》	财库〔2006〕90 号	资本

资料来源：根据有关资料整理，2021 年。

3. 安全开放

最终目标为“安全开放”的财税政策，大多通过以“技术”或“资本”为中间目标的路径传导，以“制度”为中间目标的传导路径较少，尚未建立以“人才”或“数据”为中间目标的传导路径。具体来看，以“财税政策-技术-安全开放”为传导路径的财税政策共有 5 条；以“财税政策-制度-安全开放”为传导路径的财税政策共有 3 条；以“财税政策-资本-安全开放”为传导路径的财税政策共有 11 条，其中有一条为政府引导基金汇总；以“财税政策-人才-安全开放”“财税政策-数据-安全开放”为传导路径的财税政策共有 0 条。

“安全开放”对应的部分财税政策及传导路径如表 3-4 所示。

表 3-4 “安全开放”对应的部分财税政策及传导路径

序号	政策名称	文号	中间目标
1	《关于调整新型显示器件及上游原材料零部件生产企业进口物资清单的通知》	财关税〔2018〕60 号	技术
2	外经贸发展专项资金	专项计划	技术
3	《关于提高机电文化等产品出口退税率的通知》	财税〔2018〕93 号	技术
4	《财政部　税务总局关于调整部分产品出口退税率的通知》	财税〔2018〕123 号	技术

续表

序号	政策名称	文号	中间目标
5	《关于在综合保税区推广增值税一般纳税人资格试点的公告》	国家税务总局公告 2019 年第 29 号	技术
6	《关于设备、器具扣除有关企业所得税政策的通知》	财税〔2018〕54 号	制度
7	《关于进一步完善固定资产加速折旧企业所得税政策有关问题的公告》	国家税务总局公告 2015 年第 68 号	制度
8	《关于深化增值税改革有关政策的公告》	财政部税务总局海关总署公告 2019 年第 39 号	制度
9	《关于创业投资引导基金规范设立与运作的指导意见》	国办发〔2008〕116 号	资本
10	《关于加强地方预算执行管理激活财政存量资金的通知》	财预〔2013〕285 号	资本
11	《关于进一步做好盘活财政存量资金工作的通知》	国办发〔2014〕70 号	资本
12	《关于推进地方盘活财政存量资金有关事项的通知》	财预〔2015〕15 号	资本
13	《关于盘活中央部门存量资金的通知》	财预〔2015〕23 号	资本
14	《关于开展地方盘活财政存量资金有关情况专项检查的通知》	财监〔2015〕15 号	资本
15	《关于收回财政存量资金预算会计处理有关问题的通知》	财预〔2015〕81 号	资本
16	政府引导基金（截至 2019 年 9 月底有 2000 余支，10 万亿元目标规模）	—	资本
17	《关于进一步深入推进首台（套）重大技术装备保险补偿机制试点工作的通知》	财建〔2019〕225 号	资本
18	关于印发《重大技术装备进口税收政策管理办法》的通知	财关税〔2020〕2 号	资本
19	中外合资经营会计制度	财会〔1985〕16 号	资本

1. 资料来源：根据有关资料整理，2021 年。

2. 注：由于政府引导基金数量众多无法展开，因此作为一条进行简化处理。政府引导基金一般用于促进技术研发、技术改造、基础能力提升等方面，在创新优质和安全开放两个方面都有所体现。

4. 协同共享

最终目标为“协同共享”的财税政策，大多通过以“制度”或“资本”为中间目标的路径传导，以“人才”或“技术”为中间目标的传导路径较少，尚未建立以“数据”为中间目标的传导路径。具体来看，以“财税政策-技术-协同共享”为传导路径的财税政策共有 1 条；以“财税政策-资本-协同共享”为传导路径的财税政策共有 10 条；以“财税政策-制度-协同共享”为传导路径的财税政策共有 10 条；以“财税政策-人才-协同共享”为传导路径的财税政策共有 1 条；以“财税政策-数据-协同共享”为传导路径的财税政策共有 0 条。

“协同共享”对应的部分财税政策及传导路径如表 3-5 所示。

表 3-5 “协同共享”对应的部分财税政策及传导路径

序号	政策名称	文号	中间目标
1	《关于新型冠状病毒感染的肺炎疫情防控期间免征部分行政事业性收费和政府性基金的公告》	财政部 国家发展改革委公告 2020 年第 11 号	技术
2	《关于印发降低社会保险费率综合方案的通知》	国办发〔2019〕13 号	人才
3	《关于做好 2017 年降成本重点工作的通知》	发改运行〔2017〕1139 号	制度
4	《关于做好 2018 年降成本重点工作的通知》	发改运行〔2018〕634 号	制度
5	《关于做好 2019 年降成本重点工作的通知》	发改运行〔2019〕819 号	制度
6	《关于开展财政支持深化民营和小微企业金融服务综合改革试点城市工作的通知》	财金〔2019〕62 号	制度
7	《关于明确部分先进制造业增值税期末留抵退税政策的公告》	财政部 税务总局公告 2019 年第 84 号	制度
8	《关于 2018 年退还部分行业增值税留抵税额有关税收政策的通知》	财税〔2018〕70 号	制度
9	《关于办理增值税期末留抵税额退税有关事项的公告》	国家税务总局公告 2019 年第 20 号	制度
10	《关于印发〈企业所得税若干政策问题的规定〉的通知》	财税字〔1994〕009 号	制度
11	《关于优化纳税缴费服务配合做好新型冠状病毒感染肺炎疫情防控工作的通知》	税总函〔2020〕19 号	制度
12	《政府采购促进中小企业发展暂行办法》	财库〔2011〕181 号	制度
13	《工业和信息化部办公厅 国家开发银行办公厅关于开发性金融支持特色产业精准扶贫项目试点和推进矿物功能材料产业示范基地建设的通知》	工信厅联原〔2017〕98 号	资本

续表

序号	政策名称	文号	中间目标
14	《关于支持金融强化服务 做好新型冠状病毒感染肺炎疫情防控工作的通知》	财金〔2020〕3 号	资本
15	《关于印发贯彻鲁政办发〔2020〕4 号文件支持中小企业平稳健康发展相关政策实施细则的通知》	鲁政办发〔2020〕4 号文件	资本
16	《关于企业固定资产加速折旧所得税处理有关问题的通知》	国税发〔2009〕81 号	资本
17	《关于进一步完善固定资产加速折旧企业所得税政策的通知》	财政〔2015〕106 号	资本
18	《关于扩大固定资产加速折旧优惠政策适用范围的公告》	财税〔2019〕66 号	资本
19	《关于完善固定资产加速折旧企业所得税政策的通知》	财税〔2014〕75 号	资本
20	《关于支持新型冠状病毒感染的肺炎疫情防控有关捐赠税收政策的公告》	财政部 税务总局公告 2020 年第 9 号	资本
21	《关于支持新型冠状病毒感染的肺炎疫情防控有关税收政策的公告》	财政部 税务总局公告 2020 年第 8 号	资本
22	《关于印发〈促进大中小企业融通发展三年行动计划〉的通知》	工信部联企业〔2018〕248 号	资本

资料来源：根据有关资料整理，2021 年。

第四章 国外支撑制造业发展的财税政策对我国的启示

为了占据国际产业分工有利地位，各国均出台系列政策引导扶持制造业高质量发展，财税政策是主要政策工具。梳理各国推动制造业高质量发展的国际经验，总结符合我国发展所需的政策特征及趋势，有助于更有效地构建推动制造业高质量发展的财税政策体系。

一、顶层设计注重统筹协调

（一）政策经验要与基本国情、改革方向相结合

各国所处发展阶段、体制、机制等不同，对可供借鉴的政策经验应有取舍。从发展阶段看，我国改革开放初期面临追赶其他发达国家的发展需求，产业发展

路径、发展目标相对清晰，使用选择性产业政策有助于在部分领域实现快速追赶，如航空航天、轨道交通、石油石化等诸多领域均取得了显著成效。但我国产业发展、科技创新等已逐渐从跟跑变为并跑或领跑，选择性政策的决策风险增加，再加上尚未完善的市场经济体制，更应注重借鉴有关功能性政策的国际经验。从体制环境看，以增值税留抵退税政策为例，英、法等国增值税留抵退税较为便捷。据法国规定，纳税人可退税额小于 150 欧元，只能用于抵扣以后纳税期限的销项税额；可退税额大于 150 欧元并小于 750 欧元，可在年度结束时申请退税；可退税额大于 750 欧元，可在月末或季度末申请退税。据英国规定，正常情况下税务部门应自收到纳税人退税申请的 30 日内进行退税。但英、法等国的相关规定基于增值税为中央税，而我国增值税是中央地方共享税，增值税留抵退税需处理征税与退税主体不一致的问题，协调难度较大，不能简单照搬英、法等国的经验。

（二）政策目标兼顾经济效益与社会效益

各国经济发展水平不断提高，对发展质量的重视度也日益增加，政策制定的出发点已突破经济效益维度，社会效益也成为政策考量重要因素，更加重视环境保护、社会公平等。美、欧、日等国家和地区践行绿色制造，政策向绿色制造、绿色产品倾斜。美国《政府采购法》第 23 章规定，主要以联邦法令及总统行政命令作为推动政府绿色采购的法律基础；欧盟于 2011 年修订《政府绿色采购手册》；日本于 2000 年颁布《绿色采购法》。此外，各国政府采购政策偏向支持中小企业发展。美国 10 万美元以下的政府采购优先考虑中小企业，通过价格优惠方式支持中小企业发展，中型企业的价格优惠幅度达 6%，小型企业的价格优惠幅度达 12%。相较而言，我国针对绿色制造及中小企业发展的相关法律、政府采购及补贴等政策制定得还不够完善，政策缺乏明确的执行标准，政策效果不及预期。

（三）选择性政策与功能性政策两者综合运用

在既往以追赶为重要特征的高速增长阶段，我国主要效仿日本二十世纪五六十年代的产业政策，长期实行选择性产业政策，针对特定产业、企业，给予补贴、低息贷款、税率优惠等政策支持，航空航天、轨道交通、超级计算机、新能源汽车等得以快速发展。但在高质量发展阶段，我国应补足功能性政策短板。以美、欧等发达经济体实施的财税政策为例，旨在营造更优营商环境，引导产业转型升级，如美国出台系列改善钢铁行业竞争环境的政策：降低外国投资者准入门槛，以市场竞争去除钢铁低效产能；取消政府补贴，让长期处于亏损且积重难返的钢铁企业破产淘汰，便于优质企业通过兼并重组提高产业集中度；推出以“再工业化”为核心的先进制造业发展计划、以新兴产业为核心的未来产业发展部署，引导产业结构调整。又如日本在化解钢铁过剩产能时，也从增加就业援助、减少政府干预、引入竞争机制、提供优惠信贷利率、减税等多方面，优化钢铁产业转型升级环境。

二、政策着力点注重创新与关键需求侧

（一）重视激发研发环节多主体创新活力

强化政策支持研发已成为各国普遍做法，各国特别重视发挥财税政策在创新领域的引导作用。在激发创新主体活力方面，如美国二十世纪八十年代的《经济复兴税法》通过加大企业研发经费减税力度、缩短研发设备折旧年限、扩大企业

向高校赠送研发设备的减税范围、为研发型中小企业提供税收优惠等措施，激发企业主体创新活力，促进高新技术产业发展。此外，该类政策不限具体行业、企业，具有普惠性。在前沿技术研究投入方面，如美国 2011 年出台的先进制造业伙伴关系计划（AMP），政府成为支持前沿技术研发的主要力量，包括投资 3 亿美元扶持有关国家安全的关键产业核心技术、超 1 亿美元用于先进材料研发和应用推广、投资 7000 万美元支持新一代机器人研发、投资 1.2 亿美元开发节能制造工艺和材料等。

（二）注重强化战略性、核心性产业的需求侧支撑

政府采购是各国维护战略性、核心性产业的重要手段之一，特别是相关产业处于发展初期应对国际竞争乏力的阶段，政府采购能够发挥需求支撑作用、示范带动作用。如美国政府对战略性、核心性产业的政府采购设立了诸多特殊规定和限制，要求政府采购遵守《联邦信息安全管理法案》，若涉及信息安全、国防或其他安全事项，采购方应论证将如何建立、维护和监控适当的安全，以及机构如何达到信息安全；若采购要求供应商在执行合同时使用联邦控制的公共设施或信息系统，应论证如何实现机构要求的合同承包商个人身份查证；在采购需求中规定禁止供应商在执行合同时远距离办公等。通过一系列门槛，美国在信息产业领域形成对本国产品的大量需求，确保本国产业在该领域的领先地位。又如德国重视利用政府采购手段支持国内企业，德国曾多次采用单一来源方式，将地方政府污水处理和能源供应项目的合同授予本地企业；即使在欧盟范围内公开招标，德国政府也从技术上设置障碍，以提高本国企业竞争优势。

三、政策实施重视激发与增强市场活力

（一）政策工具借助市场主体力量发挥作用

政府机构受专业能力、市场信息获取能力等限制，财税政策制定与执行存在信息不对称风险。引导市场主体参与政策执行已成为弥补政府失灵与市场失灵的有效方式，政府引导基金是该类财税金融政策的典型代表。如以色列的 YOZMA 基金，政府出资 1 亿美元组建政府引导基金，20%用于直接投资创新型企业，80%用于成立 10 支商业性子基金，政府参股子基金比例不超过 40%。政府作为有限合伙人承担出资义务，但只划定基金投资方向而不参与基金的日常运作，由专业化管理团队全权负责运营管理，保证基金市场化运作。

（二）产业集群培育成为财税政策的有效抓手

在培育产业集群发展方面，各国利用财税工具支持产业研发创新和中小企业发展，特别是在工业投资补贴、税收抵免等方面出台多项举措。以航空工业为例，法国的 ARA 大区在培育产业集群时，出台政策支持集群企业在增材制造、机器人、智能生产线等方面加快技术创新和组织变革。一方面，法国对工业企业的投资进行补贴，包括厂房、生产工具升级改造等方面，如在“工业性能提升”项目中计划补贴近 100 万欧元，惠及约 100 家中小企业，并通过相关培训使中小企业找准自身在集群内的定位，更好地满足业务分包需求。另一方面，法国政府针对研发出台税收抵免计划，该计划涵盖企业全部研发费用的 30%，有效促进了法国持续创新活动。研发资金投入不仅促进了相关产业链上各层级公司的发展，还使领先企业和中小企业之间有了更广泛的合作。

路径篇

第五章

财税政策助力制造业产业链现代化的路径

2018年，中美经贸摩擦再起波澜，美国接连通过出口技术管制等手段打压我国制造业，我国高新技术企业供应链被阻断，制造业产业链暴露“能力短板”，受制于人。此外，新冠肺炎疫情暴发凸显出我国制造业产业链应对突发公共事件的生产制造能力不足，存在断裂等问题。打好产业基础高级化、产业链现代化的攻坚战，是党中央、国务院对产业高质量发展做出的重大战略部署，具有重要而深远的战略意义。财税政策是提升产业链水平的重要抓手，有助于推动“打造世界级产业集群”“培育先进产业集群”等重大任务的实施，构建安全可控、自主开放的现代化产业链。

一、制造业产业链现代化内涵

制造业产业链是各产业部门之间基于内在技术经济联系，形成的链条式关联形态，也是介于市场与企业之间的新型产业组织结构与形态，涵盖产品生产或服务提供全过程，包括原材料生产、技术研发、中间品制造、终端产品制造和流通与消费环节，集产业组织、生产过程和价值实现为一体。

制造业产业链现代化（如图 5-1 所示）包括产业生态系统（考虑产品视角）、产业链外部要求（考虑影响视角）两个方面的内容。**一方面，**在研发、生产制造、销售服务组成的内部环境中提升各环节的产业基础能力、协调优化环节间运行模式、增强和提升全产业链条的控制力与治理能力。**另一方面，**制造业产业链能够满足外部环境提出的安全可控、绿色环保、规模保证、新型基建的高标准和高目标。

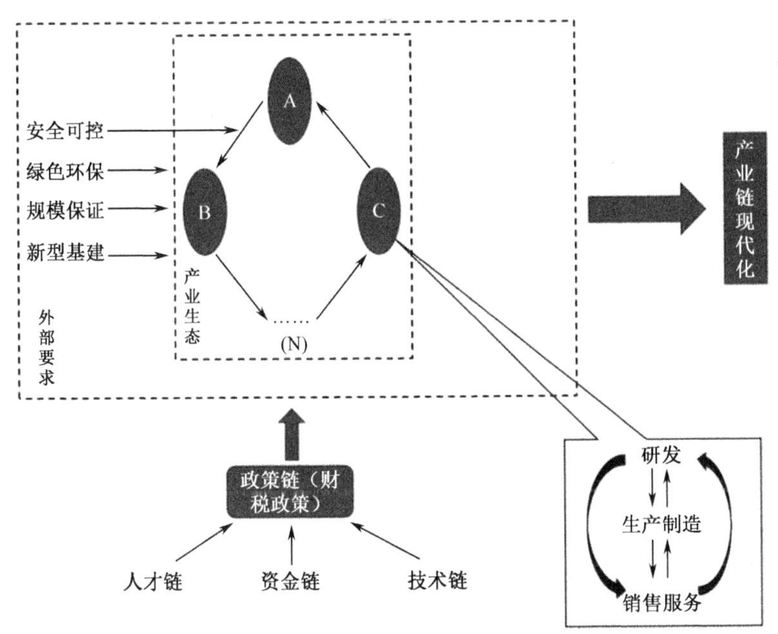

图 5-1　制造业产业链现代化概念图

现代化的制造业产业链应具有坚实的基础能力、强大的创新能力、较高的盈利能力、高端的引领能力、良好的协同能力、较强的全球产业链控制力和治理能力、完善的要素支撑能力、自主可控的安全运行能力和可持续的绿色发展能力，即使在全球经济持续低迷的背景下，也能顶住下行压力，增强韧性、释放活力，夯实制造强国建设的基石。

二、制造业产业链现代化特点

目前，我国制造业产业链体系完整，产业配套能力强、韧性较高，部分重点产业已达到世界领先或先进水平，但整体仍处于全球产业价值链中低端，产业基础能力较弱，产业链内部各环节的良性循环尚未形成，部分领域核心关键技术受制于人，应对中美大国博弈常态化压力及新冠肺炎疫情等公共突发事件能力不足，产业链整体水平不高，“断链”风险在所难免。此外，基于品牌、技术、关键资源和市场优势的产业链控制力和影响力较弱甚至空白，制造业产业链韧性与产业链水平有较大欠缺。

配套能力强，有一定的抗压韧性。据工信部统计显示，我国工业拥有 41 个大类、207 个中类、666 个小类，是联合国制造业分类中唯一能生产所有各类产品的国家。我国拥有全球最完整的产业链，特别是轻工、石油化工、汽车、船舶、钢铁等重点产业链较为健全，制造业产业链抗风险的韧性日益增强，国内产品与服务的市场反应力和国际竞争力不断提高，制造强国建设基础有所夯实。

整体仍处于全球价值链中低端。我国承接发达国家产业转移，逐步融入全球生产体系，但尚未获得产品标准、技术规范、研发设计等主导权，“中国制造”整体处于全球价值链中低端，“微笑曲线”两端在外发展模式仍未改变。2019 年，中国工程院调查研究发现，目前我国制造业通信设备、先进轨道交通装备、输变电装备等 11 类重点产业已达到世界领先或先进水平，拥有一批龙头企业和较为完整的产业链，国际市场竞争力较强，但集成电路及专用设备、操作系统与工业软件等 15 类重点产业与世界制造强国差距较大。此外，随着国内原材料和劳工成本不断上涨，先前以低成本取胜的国际竞争优势被削弱，导致我国商品结构转换的要求越发迫切，制造业转型升级的阶段性压力增大。

存在严重“卡脖子”短板。我国制造业产业基础能力薄弱，特别是部分领域关键技术受制于人，存在“卡脖子”隐患等问题值得高度关注。2018 年，工信部对全国 30 多家大型企业 130 多种关键基础材料调研的结果显示，我国有 32%的关键材料仍为空白，有 52%的材料依赖进口；计算机和通用处理器所用高端专用芯片进口率高达 95%，70%以上智能终端处理器及绝大多数存储芯片依赖进口[1]。特别是我国长期忽视工业软件发展，工业软件研发投入明显不足，导致工业软件、设计软件等被国外厂商垄断，80%的规划软件、50%的制作软件被外企占据，国内技术差距较大。2019 年，中国工程院调查研究发现，我国当前制造业产业链仅 60%安全可控[2]，产业链“卡脖子”短板严重，也因此造成“中兴停摆”“华为芯片断供”等负面事件发生。

应对公共突发事件能力不足。制造业产业链包括原材料供给、生产制造等诸多环节，任意一个环节出现问题，制造业产业链都会出现安全隐患。例如，新冠肺炎疫情凸显我国制造企业应急医疗物资产能严重不足等问题。在抗疫期间，为了鼓励企业扩大重点医疗物资产能，政府部门持续出台相关财税政策，但仅聚焦重点医疗物资最终产品的生产调配，未针对企业生产所需原材料、配套产品的生产及运输困难等问题制定相应政策措施，不利于产业链应对新冠肺炎疫情等突发事件能力的全面提升。调研发现，在疫情防控期间，江西某企业生产医用消毒液，所需承装的瓶子和外包装纸壳多由邻省生产供应，但公路交通管控措施因新冠肺炎疫情趋严，跨省运输存在较大困难，只能在两省交界处装卸，严重影响物流效率，企业生产进程受阻，产业链存在中断风险。

1《工信部副部长：我国制造业要大力度“引进来”高水平“走出去”》，人民网财经频道。

2 张乐. 中国制造业产业链发展历程及未来变革[J]. 中国经济评论，2021（2）：92-95.

三、财税政策助力产业链现代化的思路与着力点

（一）财税政策助力产业链现代化的思路

技术、资金、人才是支撑产业链现代化的关键要素，可通过财税措施融入产业生态与外部要求，推动产业链现代化进程。**一方面**，打造良好的产业生态系统。在研发环节，财税政策重在支撑产业实现核心材料、技术的自主可控，增强人才吸引能力与产品自主创新能力；在生产制造环节，重在进一步“降成本、减负担”，提高“两化融合”程度；在销售服务环节，重在推动“两业融合”；在全链条环节，重在构建灵活高效的产业供应链，布局全球市场资源配置网络，强化全链条的韧性和抗冲击能力。**另一方面**，营造良好的外部支撑。在安全可控环节，财税政策重在培育国产品牌，提高本国企业核心竞争力；在绿色环保环节，重在引导市场供需向资源节约集约、环境友好转变；在规模保证环节，重在精准定位大中小微企业；在新型基建环节，重在攻坚“两化融合”，如图 5-2 所示。

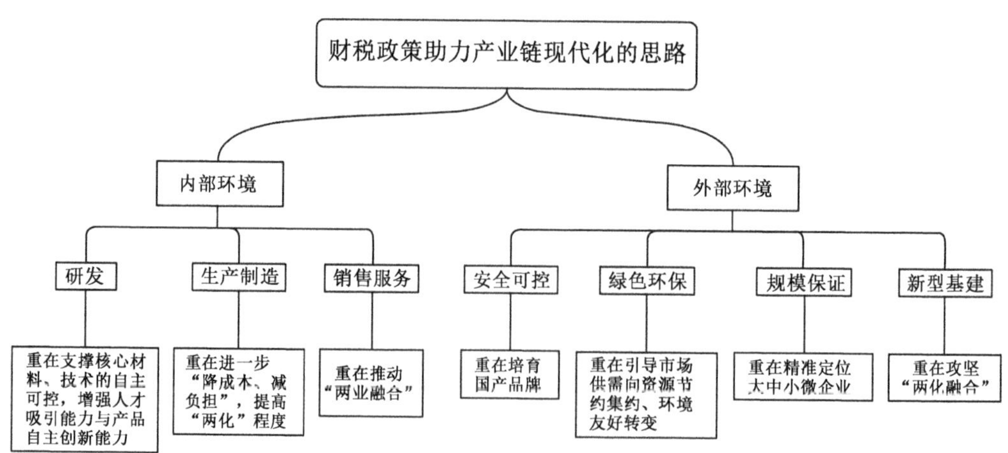

图 5-2　财税政策助力产业链现代化的思路

（二）财税政策助力产业链现代化的着力点

产业生态系统由多个行业紧密联系的产品链组成，既包括研发、生产制造、销售服务各独立环节，又涉及安全可控、绿色环保、规模保证、新型基建等外部环境，需建立起“设计-研发-制造-销售-服务-需求反馈-设计”的闭环一条龙式良性循环机制，环环相扣、融会贯通。财税政策助力产业链现代化，特别是塑造产业链安全，应精准定位各环节及外部环境面临的发展“痛点”，对症下药，切实发挥自身对产业链现代化的支撑作用，确保产业链安全，如表 5-1 所示。

表 5-1　财税政策助力产业链现代化的路径

名称	环节	存在的问题	财税支撑的缘由	政策建议
内部环境	研发	（1）核心技术能力和专业能力相对薄弱。 （2）企业对研发环节的资金支持有限。 （3）高端人才缺口较大	（1）外部竞争压力和内部条件缺乏具有长期性，需从国家层面进行宏观调控。 （2）研发周期长，前期投入较大，企业单凭自身资金难以为继。 （3）为高端人才提供充分的保障也是国家人才培育的重要任务	（1）通过设立与关键技术、核心零部件和产品相关的财政资金、政府引导基金等，定点支持“卡脖子”领域发展。 （2）加大对高新技术企业的企业所得税优惠力度，将税率由 15%降至 10%。 （3）免除高端人才和紧缺人才的个人所得税超过 15%的部分，由财政补贴支付
	生产制造	（1）原材料和人工成本不断上涨，我国以低成本取胜的国际竞争力被削弱。 （2）转换国内商品结构的要求越发迫切，制造业转型升级阶段性压力较大	（1）实体经济长期被房地产、金融市场挤压，融资成本较高。 （2）供给侧结构性改革必然要求政策和市场共同发力	（1）继续加大民营企业、中小微企业融资支持力度，将贷款利息收入等纳入进项抵扣。 （2）加大制造业普惠性减税和结构性减税相结合的力度，适度扩大地方政府专项债券规模，支持重大在建项目建设并补齐短板

续表

名称	环节	存在的问题	财税支撑的缘由	政策建议
内部环境	销售服务	（1）在传统制造业与服务业融合趋势下，过去企业“重利润、轻客户价值”模式难以为继。 （2）互联网产业链快速发展，单一线下模式产业竞争力不断被削弱	（1）培育生产性服务业也是我国参与高端制造业竞争的重要抓手，离不开国家政策扶持。 （2）实体制造业与互联网模式下数字产业融合，会存在部分增值税抵扣链条断裂的现象	（1）推动增值税税率三档并两档改革，将当前增值税税率由13%调整为10%，取消9%税率，将原9%税率改为适用6%，设置10%和6%两档税率。 （2）将金融业增值税税率上调为10%。 （3）加速将数字产业环节纳入增值税管理范畴，有效衔接企业线上、线下销售服务增值税抵扣链条
外部需求	安全可控	（1）我国制造业产业链仅60%安全可控，部分产业对国外依赖程度高。其中，8类产业对外依赖度极高，占30.8%。 （2）当前，我国主要互联网企业生产的软件产品均存在安全漏洞，这些漏洞威胁着我国数字产业链的安全	（1）我国制造业发展的外部环境正在发生深刻变化，中美经贸摩擦充分暴露出我国产业链安全问题。从产业链中低端走向中高端是国家建设制造强国的核心目标。 （2）大数据、云计算和物联网等新兴产业的迅速崛起，必然要求配套的产业环境提供支撑。 （3）应对非典型肺炎疫情、新冠肺炎疫情等公共突发事件，市场应急物资需求陡增，需暂时扩大应急物资产能，在公共突发事件之后，又需化解产能过剩问题，必然需要财政补贴等财税政策支持，调动企业积极性	（1）强化资金支持，对于各省设立产业链安全专项资金的，给予一定的补贴。 （2）借助国家大基金二期工程，对产业链安全项目进行重点扶持，撬动更多社会资本注入对外依赖度较高领域，提升自主研发创新能力。 （3）应对新冠肺炎疫情等公共突发事件，从短期看，在疫情发展期间，为中小微企业纾困、支持实体经济可持续发展、保障就业，是财政当务之急。一方面，应对受疫情影响的企业及个体经营者给予企业所得税减免等优惠政策；另一方面，提高企业防控公共突发事件所涉及应急物资产品与技术的研发投入强度。从长期看，应构建防灾、应急、灾后重建三个阶段有序帮扶企业的财政政策响应体系。在防灾阶段，重在提高重点应急物资储备、完善应急资金储备制度；在应急阶段，重在搭建多部委的应急物资保障调度平台，并通过减免增值税、所得税的方式，鼓励企业扩大应急物资产能；在灾后重建阶段，重在采取财政补助收储等方式，化解应急物资产能过剩问题。此外，在应对公共突发事件期间，还应加大对新兴产业的财税政策扶持力度，如在新冠肺炎疫情期间，应加大对5G、人工智能等新兴产业的财税支持力度
	绿色制造	（1）缺少绿色目标驱动的产品全生命周期环节的理论研究和技术创新，特别缺乏颠覆性的绿色制造技术	（1）当今制造业发达经济体都纷纷布局绿色制造产业链。我国绿色制造模式比较单一，在国际竞争中优势不明显	（1）通过工业转型升级、绿色制造系统集成专项资金，对承担绿色制造相关集成项目的企业予以支持。结合项目资金年度预算安排、项目总投资等确定补助比例。 （2）加大对开展绿色试点城市、创建绿色园区和企业的政府性投入力度，拓展完善绿色产品政府采购目录

续表

名称	环节	存在的问题	财税支撑的缘由	政策建议
外部需求		（2）绿色制造各环节配合度低，设计、制造、包装、运输、使用、报废处理各环节专业化分工协同效果不明显	（2）绿色可持续的生产消费模式的形成需要较长周期，持续稳定的政策支持更加有利于产业发展	
	规模保证	（1）民营企业占我国出口总额的45%，在外部商贸环境发生深刻变化的情况下，为出口企业配套或处在产业链上的民营企业也会受到拖累。 （2）实体企业仍面临融资难、融资贵的难题，用人成本、资金成本的不断提升也增加了企业压力	（1）为适应国际环境和我国营商环境变化，需加大配套政策，扶持企业平稳过渡。 （2）从国际水平看，我国企业税负仍处于较高水平，需国家推行更大力度的减税降费政策	（1）将企业所得税基本税率由25%逐步下调至20%，可先下调1～2个点，再逐步下调至20%。 （2）适度降低社保费率1～2个点，同时重点针对不裁员、少裁员、积极创造就业岗位的民营企业制定优惠措施，比如，允许上一年度足额缴纳社保费用的、生产经营困难的民营企业申请缓缴等
	新型基建	（1）基建仍有待改善。 （2）新型基建涵盖5G、人工智能、工业互联网、物联网领域，产业融合发展对技术要求更高	（1）基础设施建设资金投入大、建设周期长，需政府投入资金进行保障。 （2）产业转型升级是推动我国制造业向高端发展的重要举措，必然要求有政策倾斜	（1）适度扩大政府专项债规模，重点支持5G、工业互联网、人工智能、物联网等相关领域的制造技术改造和设备更新。 （2）结合国务院《关于加强固定资产投资项目资本金管理的通知》，适度下调对基建投资的资本金比例，开辟新的投资机会以促进产业发展

资料来源：根据有关资料整理，2021年。

第六章

财税政策助力制造业产业基础再造的路径

工业基础是推动制造业高质量发展的支撑条件，是制造业核心竞争力的根本体现[1]。根据《工业强基工程实施指南（2016—2020年）》，工业基础主要包括核心基础零部件（元器件）、关键基础材料、先进基础工艺和产业技术基础。近年来，业界广泛呼吁，建议着重加强计量、标准、认证认可、检验检测等产业质量技术基础，强化关系智能制造竞争力的工业基础软件短板。当前，国际经贸环境发生重大变化，中美关系不确定性增加，恐威胁我国部分产业基础零部件、基础材料等供应安全，产业基础再造的重要性更加凸显。

1 许召元. 以制造业高质量发展为核心加快发展现代产业体系[N]. 中国经济时报，2020-12-03（4）.

一、制造业产业基础现状

制造业产业基础短板长期存在，产业基础高级化任务艰巨。当前我国制造业面临基础能力结构性缺陷，底层基础技术、基础工艺能力不足，产品质量和可靠性差，基础零部件、基础材料、基础软件等关键核心技术受制于人，产业基础能力短板成为制约制造业高质量发展的关键瓶颈。

案例 6-1　芯片产业面临基础能力短板
“缺芯少魂”是我国电子信息产业迈向高质量发展面临的关键瓶颈。在芯片设计环节，我国面临国外 EDA 工业软件“卡脖子”问题，国产 EDA 软件难以有效满足大规模集成电路的设计生产需求。在芯片制造环节，我国面临基础装备、基础工艺、基础材料等多方面瓶颈，如光刻机，荷兰 ASML 的领先地位离不开其高超的磨镜工艺与追求极致的机械精度；又如高端射频芯片，高性能基础材料短板制约了国产射频芯片的性能提升。

从内因看，国内基础性研究投入不足，原发性创新能力短板凸显。我国现阶段创新体系不完善，基础研发领域企业参与积极性不足，高校、研究机构创新成果转化不足。2018 年，习近平总书记在两院院士大会上指出：“我国基础科学研究短板依然突出，企业对基础研究重视不够，重大原创性成果缺乏，底层基础技术、基础工艺能力不足，工业母机、高端芯片、基础软硬件、开发平台、基本算法、基础元器件、基础材料等瓶颈仍然突出，关键核心技术受制于人的局面没有得到根本性改变。”[1]

1 习近平. 在中国科学院第十九次院士大会、中国工程院第十四次院士大会上的讲话[N]. 人民日报，2018-05-29（2）.

从外因看，国际竞争环境恶劣，产业“卡脖子”风险日益突出。在核心基础零部件、基础材料、基础软件等领域，企业实现技术突破后仍要面临艰难的市场突围任务。跨国企业寡头垄断格局已形成，我国企业直面国际巨头的产品跨代竞争优势。这意味着企业在追赶过程中，巨额研发投入的产品可能需要采用低价策略进行市场推广，削减产品利润，而竞争对手可以采用以高端产品利润补贴低端市场竞争的策略，降低相似产品价格，封堵追赶企业市场空间。特别是当前国际经贸不确定性日益增加，我国亟待进一步强化产业链安全保障能力，“政产学研”协同攻关提升产业基础能力。

二、财税政策有效推动制造业产业基础再造且尚存“空间”

（一）财税政策有效推动制造业产业基础再造

为了推动制造业产业基础再造，我国出台了一系列产业扶持政策。其中，财税政策是主要的扶持手段，具体方式包括选择重点研发领域，加大财政投入力度；定制评优机制，辅以地方配套奖补激励；综合税收、信贷等优惠措施，引导企业参与基础研究，如表 6-1 所示。

表 6-1　制造业产业基础再造相关财税政策

序号	出台部门	政策名称	政策文号	主要内容	扶持领域
1	工信部	《关于印发〈制造业单项冠军企业培育提升专项行动实施方案〉的通知》	工信部产业〔2016〕105 号	单项冠军评选	企业引导
2	质检总局、国标委、工信部	《关于印发〈装备制造业标准化和质量提升规划〉的通知》	国质检标联〔2016〕396 号	装备制造业标准化和质量提升规划	质量标准

续表

序号	出台部门	政策名称	政策文号	主要内容	扶持领域
3	国家发展改革委办公厅	《关于印发〈增强制造业核心竞争力三年行动计划（2018—2020年）〉重点领域关键技术产业化实施方案的通知》	发改办产业〔2017〕2063号	轨道交通装备等9个重点领域关键技术产业化实施方案	重点领域关键技术
4	工信部办公厅、国开行办公厅	《关于组织开展2017年工业强基工程重点产品、工艺"一条龙"应用计划工作的通知》	工信厅联规〔2017〕88号	工信部将向国家开发银行、中信银行、中国工商银行、国家开发投资公司等金融机构推荐"一条龙"应用承担单位和示范项目。相关金融机构将按照监管要求和企业（项目）实际情况提供金融支持	重点领域信贷扶持
5	工信部办公厅	《关于组织开展2018年度工业强基工程重点产品、工艺"一条龙"应用计划工作的通知》	工信厅规函〔2018〕287号		
6	工信部办公厅	《关于组织开展2019年度工业强基工程重点产品、工艺"一条龙"应用计划工作的通知》	工信厅规函〔2019〕212号		
7	科技部、财政部	《关于加强国家重点实验室建设发展的若干意见》	国科发基〔2018〕64号	中央财政稳定支持国家研究中心和学科等国家重点实验室的运行和能力建设。积极鼓励国家研究中心和学科国家重点实验室牵头承担国家重大研发任务。坚持多元化投入，推动实验室依托单位、主管部门和地方政府加大对实验室建设发展投入力度。通过政府引导、税收杠杆方式，激励企业和社会力量加大基础研究投入	基础研究
8	工信部办公厅	《关于开展专精特新"小巨人"企业培育工作的通知》	工信厅企业函〔2018〕381号	专精特新"小巨人"企业的主导产品应符合《工业"四基"发展目录》所列重点领域	企业引导
9	财政部、工信部、银保监会	《关于进一步深入推进首台（套）重大技术装备保险补偿机制试点工作的通知》	财建〔2019〕225号	中央财政对符合条件的投保企业按照实际投保费率不超过3%及实际投保年度保费的80%给予保险补偿。保险期间应连续不间断，保险补偿期间按保险期限据实核算，不超过3年	市场应用支撑

续表

序号	出台部门	政策名称	政策文号	主要内容	扶持领域
10	财政部、工信部、海关总署等	《关于印发〈重大技术装备进口税收政策管理办法〉的通知》	财关税〔2020〕2号	对符合规定条件的企业及核电项目业主为生产国家支持发展的重大技术装备或产品而确有必要进口的部分关键零部件及原材料，免征关税和进口环节增值税	装备引进
11	工信部办公厅	《关于引入政府性融资担保工具支持产业基础能力提升的通知》	工信厅规〔2021〕21号	联合国家融资担保基金，充分发挥政府性融资担保作用，引导金融资本投向工业基础领域	重点领域信贷扶持

资料来源：根据有关资料整理，2021 年。

（二）财税政策尚有推动制造业产业基础再造的“空间”

基础研发经费投入不足，研发投入跟跑型结构特征凸显。改革开放以来，我国依托后发技术优势，通过引进国际先进技术，实现产业追赶，研发导向偏重于应用端产品开发。研发投入跟跑型结构特征凸显，侧重于与产品开发高度相关的试验发展类研发支出，基础前沿研究、应用基础研究等原始创新主要渠道投入严重偏低。根据经济合作与发展组织（OECD）的数据，2019 年我国基础研究投入仅占研发总投入的 6.03%，仍远低于同期美国、日本、韩国分别为 16.4%、12.5%、14.7%的水平。重视产品开发投入而忽视基础层研发投入，是我国依赖技术后发优势而做出的实用主义选择，但随着后发优势削弱，该研发路径难以支撑制造业高质量发展需要，亟待加快转变步伐[1]。

基础领域产品应用支撑缺位，企业创新成果难以有效转化。在核心基础零部件、基础材料等领域，面临跨国垄断企业的跨代竞争，我国企业自主创新成果需

1 刘文强，孟凡达. 变革研发机制提升制造业创新能力[J]. 中国国情国力，2019（7）：30-33.

强化国内市场应用支撑。这既是企业实现产品优化迭代的客观需要，又是企业逐步培育自生能力，构建“研发—产出—应用—收益—投入—研发”正向循环路径的关键。实践证明，我国重视整机生产装配能力提升，对整机基础零部件、基础材料实行进口优惠，增强了国际领先产品相对于国产零部件、材料的竞争优势。

资源配置失衡，质量基础建设缺乏足够重视，制约产业基础能力提升。质量瓶颈是我国制造强国建设需攻破的重大课题，是制造业基础能力强弱的重要体现。国家质量基础（NQI）是国家建立和执行计量、标准、认证认可、检验检测等所需的质量技术体系框架，质量基础技术能力的高低不仅关系着制造业产品性能可靠性、一致性等质量控制，也是制造业基础研发能力提升的重要技术保障。但我国长期以来重视制造技术的提升，忽视了设计技术、实验技术、售后服务技术等上下游技术环节，因此产业基础能力提升空间有限。

三、财税政策推动制造业产业基础再造的着力点

加大财政基础研发投入力度，激发企业参与工业基础研发。重点针对《工业“四基”发展目录》涉及领域，合理安排财政科技支出，以国家实验室、制造业创新中心等载体为抓手，构建长期稳定的财政支持。引导企业加大工业基础研发投入力度，对参与《工业“四基”发展目录》相关领域研发的企业提高研发费用支出加计比例，允许按照实际支出的120%（现行100%）加计扣除。提高对工业强基工程重点产品、工艺“一条龙”应用计划的财税支持程度，为企业相关信贷业务提供财政贴息。

改善产业基础再造研发成果的市场空间，强化对基础产品的应用支撑。以芯片、软件等基础产品为例，国产芯片性能不断提高，产品功能已能满足政府正常办公需求，启动政府采购能为国产芯片、操作系统提供稳定的应用市场，加速产品迭代升级，也是保障网络信息安全的必要手段。近年来我国已意识到政府采购

对国产产品的支撑作用，信创产业蓬勃发展，但地方保护现象较为普遍，导致政府采购市场人为割裂，政府采购的应用支撑功能尚未有效发挥。建议继续加大对搭载国产芯片、预装操作系统的电子产品的政府采购力度，给予相关电子消费产品一定的消费补贴，扶持企业以产品低价策略扩大市场占有率。加快规范统筹各地信创产品政府采购支持方向，避免各地招标偏重本地信创企业、存在不公平竞争，导致国内信创市场碎片化。同时，严格执行进口基础零部件、基础材料、基础软件等税收优惠标准，国内产品能够满足需求的，取消相应进口产品税收优惠。

加强制造业质量基础能力建设，补齐质量基础短板。建议继续加大财政专项资金对制造业质量基础能力建设的支持力度，重点围绕标准、计量、认证认可、检验检测等质量基础技术，解决一批重点领域全产业链关键共性质量问题。加快检验检测、计量校准、认证认可等质量服务体系平台建设，政府通过公开招标、定向委托、邀标、补贴等形式向平台购买公共服务，优化质量服务市场生态。强化质量基础领域的装备技术水平，对企业为提升工艺水平而采购的进口生产设备及关键零部件、对检测检验中心及中试基地等质量服务平台采购先进检测设备及实验仪器等，给予关税和进口环节增值税减免税优惠。

第七章 财税政策助力制造业创新能力提升的路径

制造业是立国之本，美国等发达经济体相继提出“再工业化”战略，继续巩固制造业这一科技创新源泉是该类战略的主要出发点之一。应警惕的是，自主创新、原始创新是中美大国博弈中中国的关键短板。我国制造业仍存在高端装备对外依存度偏高、自主创新能力不足、企业研发投入力度较小、国际竞争力偏弱、人口红利逐渐丧失、创新对劳动生产率贡献较小等问题。通过财税政策增强制造业创新能力已取得一定成效，但仍需加大支持力度。

一、制造业创新能力现状

高端装备对外依存度偏高，自主创新能力不足。2019 年，我国工业增加值超过 31 万亿元人民币（约 4.7 万亿美元），占世界制造业比重接近 30%，制造业总产值位居全球首位，如表 7-1 所示。但从产品构成来看，高端制造业产值约 8.5 万亿元人民币，仅占我国工业增加值比重约 28%。据海关进出口数据，2018 年，我国部分高端装备产品贸易逆差现象较明显，如飞机、航天器、推进器等贸易逆差达 257 亿美元；光谱仪、色谱仪、质谱仪等分析仪器贸易逆差达 70 亿美元；半导体装备贸易逆差达 282 亿美元；增材制造相关的器具贸易逆差达 67 亿美元。

表 7-1　2019 年全球制造业增加值排名

排名	国家	制造业增加值（亿美元）	占 GDP 比重（%）	占世界制造业比重（%）
1	中国	38200	26.8	27.0
2	美国	23400	11.0	15.6
3	日本	10300	21.1	6.8
4	德国	7379	17.8	5.6
5	韩国	4169	24.95	3.4
6	印度	3825	12.9	3.1
7	意大利	2984	14.9	2.3
8	法国	2666	9.3	2.1
9	英国	2457	8.4	2.0
10	印度尼西亚	2205	19.9	1.7

数据来源：根据科技部网站有关资料整理，2021 年。

另外，我国目前很多高端制造业核心部件，特别是与负荷、速度、精度、腐蚀等因素有关的部件，进口依赖度高，企业自主研发能力偏弱。例如，我国实验室使用的高档监视仪、检验仪器、超声波仪器、磁共振设备、心电图机等高端科研仪器，基本都是国外品牌；高档数控机床 70%～80%依赖进口；常规高端配件如汽车自动挡变速器、无级变速器专用链条和钢带等 95%依赖进口，高端设备所用的螺栓更是几乎 100%进口。

企业研发投入力度较小，国际竞争力偏弱。高比例研发投入是企业全球竞争力提升的重要手段。一方面，我国研发投入总额处于全球领先水平，但研发投入强度不高。2019 年，我国研发投入资金共 5257 亿美元，居全球第二，美国居全球首位，投入资金达 6575 亿美元。日本、德国、韩国投入资金分别为 1733 亿美元、1421 亿美元和 1025 亿美元。同时，我国研发投入强度仅为 2.23%，低于以色列的

4.94%、韩国的 4.32%、日本的 3.5%、美国的 2.84%和德国的 3.13%。分行业来看，我国在计算机、通信和其他电子设备等高端产业的研发投入强度，与美国仍存较大差距，如图 7-1 所示。

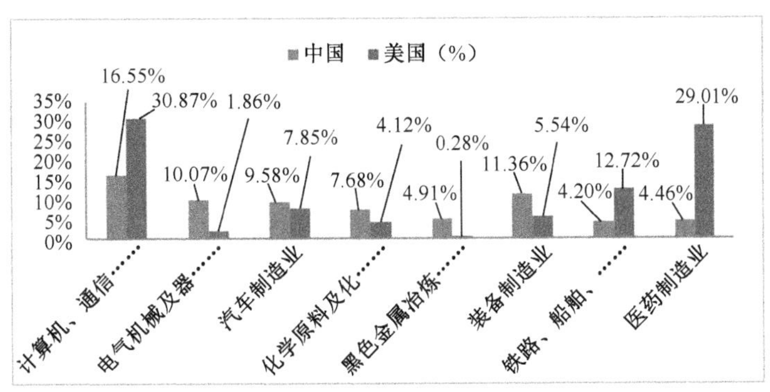

数据来源：根据 OECD 数据库有关资料整理，2021 年。

图 7-1 中美分行业研发投入强度占比情况

另一方面，我国企业研发投入分布不均衡问题较明显，企业全球创新竞争力偏弱，呈现“研发投入强度不大、单位制造业产出专利少、产品在国际市场受到中低端压制”发展特征，制约制造业高质量发展。在 2019 年公布的全球企业研发投入排行榜中，美国有 22 家企业上榜，德国有 8 家企业上榜（欧盟共有 17 家企业上榜），日本有 6 家企业上榜，中国的华为集团和阿里巴巴集团研发投入上升幅度超 200 名，是榜单前 50 名中的两家中国企业。

人口红利逐渐丧失，创新对劳动生产率贡献较小。据美国等发达国家制造业从业人员结构演变历程，预计到 2025 年，我国制造业从业总人数约达 1.3 亿人，其中技术技能型从业者人数约 8000 万人，约占 61.5%。但我国十年仅增加近 3000 万人，低于市场需求，“招人难、用人难、留人难”问题凸显。我国培育制造业人才的主要途径是职业院校。据统计数据，2015 年，制造业从业人员仅 16.8%受过高等教育、1.7%受过高等职业教育，即制造业从业人员受教育程度及受职业教育比重不高，造成制造业人才结构失衡，研究型、创新型、技能型人才缺口较大。

另外，我国制造业人员工资已从 24192 元/年增至 2019 年的 72088 元/年，年均增长率达 11.8%，快于美国、德国等发达经济体，也快于印度、巴西、马来西亚等新兴经济体。我国人力成本不断攀升，依靠创新投入拉动生产效率提升举措不能及时跟进，劳动生产率低于发达国家。2017 年，我国制造业劳动生产率仅为 24711.6 美元/人，美国、日本、韩国、德国分别为我国的 5.73 倍、3.67 倍、3.39 倍和 3.19 倍。

二、财税政策有效增强制造业创新能力且尚存“空间”

（一）财税政策有效增强制造业创新能力

近年来，我国主要在小微企业创新、提升高端装备创新水平、发展制造业创新中心、基础设施和公共实验平台建设、技术转让、集成电路和软件产业发展等方面出台了一系列财税政策，推动了制造业创新能力提升和制造业国际竞争力增强，如表 7-2 所示。

表 7-2　提升制造业创新能力的财税政策

序号	出台部门	政策名称	政策文号	主要内容	扶持领域
1	工信部、国家发展改革委、财政部、国土资源部、税务总局	《关于推动小型微型企业创业创新基地发展的指导意见》	工信部联企业〔2016〕394 号	（1）引导银行、投资机构、中小企业信用担保机构与入驻小微企业对接。引导和鼓励有条件的小微企业双创基地直接设立或引入专业股权投资基金，构建与创业创新相协调的资金链。 （2）将小微企业双创基地建设和发展与现行支持政策做好衔接，统筹现有资金渠道，探索 PPP、政府购买服务等模式支持小微企业双创基地基础设施改造、信息化建设、服务能力提升，以及对厂房场地租金予以补助，对优秀小微企业双创基地予以奖励。 （3）切实落实创业孵化器税收优惠政策。小微企业双创基地符合科技企业孵化器、大学科技园税收政策条件的，可享受有关税收优惠	小微企业

续表

序号	出台部门	政策名称	政策文号	主要内容	扶持领域
2	工信部、国家发展改革委、财政部	《关于引导企业创新管理提质增效的指导意见》	工信部联产业〔2016〕245号	稳步推进利率市场化改革，加快发展多层次资本市场，降低企业融资成本。积极开展贷前能效筛查，大力发展能效信贷。加快推进能源价格市场化，实施涉企收费清单制度，提高收费透明度	所有企业
3	工信部、国家发展改革委、科技部、财政部	《关于印发制造业创新中心等5大工程实施指南的通知》	无	（1）落实支持创新的税收优惠政策。创新中心首次商业化的技术装备列入《首台（套）重大技术装备推广应用指导目录》的，通过首台（套）重大技术装备保险补偿政策，支持应用推广。对涉及科技研发相关内容，如确需中央财政支持的，应通过优化整合后的中央财政科技计划（专项、基金等）统筹考虑予以支持。 （2）利用现有资金渠道，重点支持技术创新基础设施和公共实验平台建设、中试生产线及设备、产业共性技术开发和标准制定、人才培养和引进等。鼓励银行在风险可控条件下加大对创新中心的信贷支持力度。研究发行支持创新中心直接融资的创新债券品种。 （3）发挥先进制造产业投资基金、国家新兴产业创业投资引导基金等作用，鼓励建立按市场化方式运作的各类高端装备创新发展基金。加大专项建设基金支持力度，促进高端装备企业融资、规模化发展	创新中心、高端装备、基础设施和公共实验平台建设、中试生产线及设备、产业共性技术开发和标准制定、人才培养和引进等
4	国务院	《关于大力推进大众创业万众创新若干政策措施的意见》	国发〔2015〕32号	（1）加大财政资金支持和统筹力度。各级财政统筹安排各类支持小微企业和创业创新的资金，强化资金预算执行和监管，加强资金使用绩效评价。支持有条件的地方政府设立创业基金。在确保公平竞争的前提下，鼓励对众创空间等孵化机构的办公用房、用水、用能、网络等软硬件设施给予适当优惠，减轻创业者负担	中小微企业、科技园孵化器、大学科技园、人才培育

续表

序号	出台部门	政策名称	政策文号	主要内容	扶持领域
				（2）完善普惠性税收措施。落实扶持小微企业发展的各项税收优惠政策。落实科技企业孵化器、大学科技园、研发费用加计扣除、固定资产加速折旧等税收优惠政策。对符合条件的众创空间等新型孵化机构适用科技企业孵化器税收优惠政策。对包括天使投资在内的投向种子期、初创期等创新活动的投资，统筹研究相关税收支持政策。修订完善高新技术企业认定办法，完善创业投资企业享受70%应纳税所得额税收抵免政策。抓紧推广中关村国家自主创新示范区税收试点政策，将企业转增股本分期缴纳个人所得税试点政策、股权奖励分期缴纳个人所得税试点政策推广至全国范围。 （3）发挥政府采购支持作用。完善促进中小企业发展的政府采购政策，加强对采购单位的政策指导和监督检查，督促采购单位改进采购计划编制和项目预留管理，增强政策对小微企业发展的支持效果。加大创新产品和服务的采购力度	
5	国务院办公厅	《关于县域创新驱动发展的若干意见》	国办发〔2017〕43号	加强对县域创新驱动发展的政策扶持，通过技术创新引导专项（基金）、人才支持计划，支持县域开展科技创新创业。各地要积极支持县域开展科技创新活动，确保一定比例的科技创新项目、一定数量的科技创新平台和载体在县域落地	技术创新、人才培养
6	财政部、税务总局、科技部	《关于提高科技型中小企业研究开发费用税前加计扣除比例的通知》	财税〔2017〕34号	科技型中小企业开展研发活动中实际发生的研发费用，未形成无形资产计入当期损益的，在按规定据实扣除的基础上，在2017年1月1日至2019年12月31日期间，再按照实际发生额的75%在税前加计扣除；形成无形资产的，在上述期间按照无形资产成本的175%在税前摊销	科技型中小企业

续表

序号	出台部门	政策名称	政策文号	主要内容	扶持领域
7	财政部、税务总局	《关于创业投资企业和天使投资个人有关税收政策的通知》	财税〔2018〕55号	（1）公司制创业投资企业、有限合伙制创业投资企业采取股权投资方式直接投资于种子期、初创期科技型企业（以下简称初创科技型企业）满2年（24个月，下同）的，可以按照投资额的70%在股权持有满2年的当年抵扣该投资企业的应纳税所得额；当年不足抵扣的，可以在以后纳税年度结转抵扣。 （2）天使投资个人采取股权投资方式直接投资于初创科技型企业满2年的，可以按照投资额的70%抵扣转让该初创科技型企业股权取得的应纳税所得额；当期不足抵扣的，可以在以后取得转让该初创科技型企业股权的应纳税所得额时结转抵扣	种子期、初创期科技型企业
8	财政部、税务总局	《关于延长高新技术企业和科技型中小企业亏损结转年限的通知》	财税〔2018〕76号	自2018年1月1日起，当年具备高新技术企业或科技型中小企业资格（以下统称资格）的企业，其具备资格年度之前5个年度发生的尚未弥补完的亏损，准予结转以后年度弥补，最长结转年限由5年延长至10年	高新技术企业、科技型中小企业
9	财政部、税务总局、科技部、教育部	《关于科技企业孵化器 大学科技园和众创空间税收政策的通知》	财税〔2018〕120号	（1）自2019年1月1日至2021年12月31日，对国家级、省级科技企业孵化器和国家备案众创空间向在孵对象提供孵化服务取得的收入，免征增值税。 （2）自2019年1月1日至2021年12月31日，对国家级、省级科技企业孵化器和国家备案众创空间自用及无偿或通过出租等方式提供给在孵对象使用的房产，免征房产税。 （3）自2019年1月1日至2021年12月31日，对国家级、省级科技企业孵化器和国家备案众创空间自用及无偿或通过出租等方式提供给在孵对象使用的土地，免征城镇土地使用税	科技企业孵化器、众创空间在孵对象

续表

序号	出台部门	政策名称	政策文号	主要内容	扶持领域
				（4）自2019年1月1日至2021年12月31日，对国家级、省级大学科技园向在孵对象提供孵化服务取得的收入，免征增值税。 （5）自2019年1月1日至2021年12月31日，对国家级、省级大学科技园自用及无偿或通过出租等方式提供给在孵对象使用的房产，免征房产税。 （6）自2019年1月1日至2021年12月31日，对国家级、省级大学科技园自用及无偿或通过出租等方式提供给在孵对象使用的土地，免征城镇土地使用税	
10	财政部、税务总局	《关于集成电路设计和软件产业企业所得税政策的公告》	财税〔2019〕68号	（1）依法成立且符合条件的集成电路设计企业和软件企业，在2018年12月31日前自获利年度起计算优惠期，第1年和第2年免征企业所得税，第3～第5年按照25%的法定税率减半征收企业所得税，并享受至期满为止。 （2）本公告第一条所称“符合条件”，是指符合《财政部 国家税务总局关于进一步鼓励软件产业和集成电路产业发展企业所得税政策的通知》（财税〔2012〕27号）和《财政部 国家税务总局 发展改革委 工业和信息化部关于软件和集成电路产业企业所得税优惠政策有关问题的通知》（财税〔2016〕49号）规定的条件	集成电路设计和软件产业企业
11	财政部、税务总局	《关于促进集成电路产业和软件产业高质量发展企业所得税政策的公告》	国发〔2020〕8号	（1）国家鼓励的集成电路线宽小于28纳米（含），且经营期在15年以上的集成电路生产企业或项目，第1～第10年免征企业所得税；国家鼓励的集成电路线宽小于65纳米（含），且经营期在15年以上的集成电路生产企业或项目，第1～第5年免征企业所得税，第6～第10年按照25%的法定税率减半征收企业所得税；国家鼓励的集成电路线宽小于130纳米（含），且经营期在10年以上的集成电路生产企业或项目，第1年和第2年免征企业所得税，第3～第5年按照25%的法定税率减半征收企业所得税	集成电路和软件产业

续表

序号	出台部门	政策名称	政策文号	主要内容	扶持领域
				（2）国家鼓励的线宽小于 130 纳米（含）的集成电路生产企业，属于国家鼓励的集成电路生产企业清单年度之前 5 个纳税年度发生的尚未弥补完的亏损，准予向以后年度结转，总结转年限最长不得超过 10 年。 （3）国家鼓励的集成电路设计、装备、材料、封装、测试企业和软件企业，自获利年度起，第 1 年和第 2 年免征企业所得税，第 3～第 5 年按照 25%的法定税率减半征收企业所得税。 （4）国家鼓励的重点集成电路设计企业和软件企业，自获利年度起，第 1～第 5 年免征企业所得税，接续年度减按 10%的税率征收企业所得税	
12	财政部、税务总局、科技部、知识产权局	《关于中关村国家自主创新示范区特定区域技术转让企业所得税试点政策的通知》	财关税〔2020〕61 号	自 2020 年 1 月 1 日起，在中关村国家自主创新示范区特定区域内注册的居民企业，符合条件的技术转让所得，在一个纳税年度内不超过 2000 万元的部分，免征企业所得税；超过 2000 万元的部分，减半征收企业所得税	技术转让企业
13	财政部、税务总局、发展改革委、证监会	《关于中关村国家自主创新示范区公司型创业投资企业有关企业所得税试点政策的通知》	财税〔2020〕63 号	自 2020 年 1 月 1 日起，对中关村国家自主创新示范区内公司型创业投资企业，转让持有 3 年以上股权的所得占年度股权转让所得总额的比例超过 50%的，按照年末个人股东持股比例减半征收当年企业所得税；转让持有 5 年以上股权的所得占年度股权转让所得总额的比例超过 50%的，按照年末个人股东持股比例免征当年企业所得税	公司型创业投资企业
14	财政部、海关总署、税务总局	《关于“十四五”期间支持科技创新进口税收政策的通知》	财关税〔2021〕23 号	（1）对科学研究机构、技术开发机构、学校、党校（行政学院）、图书馆进口国内不能生产或性能不能满足需求的科学研究、科技开发和教学用品，免征进口关税和进口环节增值税、消费税。 （2）对出版物进口单位为科研院所、学校、党校（行政学院）、图书馆进口用于科研、教学的图书、资料等，免征进口环节增值税	科研院所、研发机构、出版物进口

续表

序号	出台部门	政策名称	政策文号	主要内容	扶持领域
15	财政部、税务总局	《关于进一步完善研发费用税前加计扣除政策的公告》	财税〔2021〕13号	制造业企业开展研发活动中实际发生的研发费用，未形成无形资产计入当期损益的，在按规定据实扣除的基础上，自2021年1月1日起，再按照实际发生额的100%在税前加计扣除；形成无形资产的，自2021年1月1日起，按照无形资产成本的200%在税前摊销	制造业企业
16	财政部、税务总局	《关于明确先进制造业增值税期末留抵退税政策的公告》	财税〔2021〕15号	自2021年4月1日起，符合条件的先进制造业纳税人，可以自2021年5月及以后纳税申报期向主管税务机关申请退还增量留抵税额	先进制造业企业

数据来源：根据有关资料整理，2021年。

（二）财税政策尚有推动制造业创新能力提升的“空间”

政府引导基金社会资本参与程度不高，对种子期、初创期企业支持较少。根据投中研究院报告数据，截至2020年6月，我国共设立1349支政府引导基金，目前规模已达21452亿元人民币，其母子基金群（含政府引导基金和子基金）规模约为93958亿元，其中44.41%集中在北京、上海、浙江、江苏和广东几大热点地区。政府引导基金在实际募资中准财政资金多，社会资本参与度不高。如国家集成电路产业投资基金分别由中国烟草（14.42%）、亦庄国投（7.21%）、中国移动（7.21%）等国企持股，民营资本未参与。此外，投资项目存在投资对象雷同、与市场争利的问题。从投资对象所处生命周期来看，种子期、初创期、扩张期和成熟期的占比分别为6.41%、18.69%、42.30%和31.21%，其余约1.4%。政府引导基金大部分投向扩张期和成熟期的企业，占73.51%，与扶持产业薄弱环节的初衷相违背。

案例 7-1 我国集成电路产业投资基金筹措现状

2014 年 6 月 24 日，工信部出台《国家集成电路产业发展推进纲要》，明确提出设立国家产业投资基金，支持设立地方性集成电路产业投资基金。2014 年 9 月，国家正式成立集成电路产业投资基金（一期）。截至 2018 年 5 月，国家集成电路产业投资基金一期已全部投资完毕，总投资额达 1387 亿元，涵盖集成电路全产业链。其中，投资集成电路制造领域 930 亿元，占比 67%；投资设计和封测环节分别占比 17%和 10%；投资装备与材料占比 6%。

截至 2019 年年底，共有 9 省、4 直辖市均已成立或宣布设立集成电路产业基金。北京市、天津滨海新区集成电路产业基金均在国家集成电路产业大基金之前宣布设立。其中，北京市是我国最早设立集成电路产业基金的城市，早在 2013 年 12 月底，北京市就宣布设立国内首支聚焦于集成电路产业的股权基金。重庆市于 2018 年 8 月出台的《重庆市加快集成电路产业发展若干政策》中提出设立总规模为 500 亿元的重庆市半导体产业发展基金，目前该基金尚未成立。其他大部分省级集成电路产业基金已成立，目前在组建中，少部分省市基金已组建完毕，如上海市已于 2017 年 5 月组建完成 500 亿元的基金规模。

从产业基金规模来看，上海、福建、重庆属于第一梯队，基金规模均为 500 亿元。北京、安徽、陕西、湖北属于第二梯队，基金规模在 300 亿～320 亿元，其中北京市于 2013 年 12 月宣布设立集成电路产业发展股权投资基金，基金总规模为 300 亿元，2015 年 7 月，北京市在此基础上又设立规模为 20 亿元的集成电路海外平行基金。截至 2019 年年底，北京市集成电路产业专项基金 320 亿元。湖北省除设立 300 亿元的集成电路产业专项基金外，还通过长江经济带产业基金对集成电路领域进行投资。辽宁、广东、四川三省属于第三梯队，基金规模在 100 亿～200 亿元；广东首期基金规模为 200 亿元，天津、山东及湖南基金规模均在 100 亿元以下。

对科技型中小企业税收优惠落实不到位，企业获得感不强。2017年，财政部、税务总局、科技部联合制定下发了《关于提高科技型中小企业研究开发费用税前加计扣除比例的通知》，将科技型中小企业研发费用税前加计扣除比例由50%提高至75%。但调研发现，部分地区小微企业受制于企业研发水平、财务人员素质、企业盈利水平等因素，能够符合研发加计政策条件的企业数量不多。此外，很多小微企业混业经营较普遍，副业适用研发费用税前加计扣除行业，却不能享受相应待遇。如小微企业主营批发零售，但也自行开发了电商业务平台和物流系统等产品，却难以享受研发费用税前加计扣除优惠政策。

龙头企业创新能力仍有待加强，制造业创新中心建设融资规模较小。与美国等发达国家相比，我国制造业创新中心投资规模相对较小。美国制造业创新中心的投资规模一般在7000万美元以上，再加上配套的州政府投资、会员企业投资，累计投资规模超过1亿美元。如美国国家增材制造中心总投资为1.1亿美元、数字化制造和设计创新中心总投资为1.76亿美元、未来轻量制造创新中心总投资为1.48亿美元。我国国家级制造业创新中心没有明确规定资金投入门槛，增材制造创新中心的建设项目资金为2亿元。省市级制造业创新中心，目前仅有9省市明确了起始资金规模。例如，深圳市规定给予不超过项目总投资50%的资助，单个项目资助最高不超过5000万元，单个创新中心每年资助总额不超过1亿元；重庆市对成功申报国家级制造业创新中心给予最高2000万元研发经费支持。

创新人才引进税收支持力度不够，企业用工成本偏高。我国制造业企业支付给高层次人才的高额薪资未能在企业所得税中享受任何优惠政策，难以补偿企业的用工成本。除部分特殊规定外，我国企业职工教育经费的税前扣除比例较低，仅为计税工资总额的8%。此外，在个人所得税中，除国家级、省部级、解放军军以上单位及外国组织、国际组织颁发的科技奖金免税外，其余采用递延纳税的税收优惠方式，包括科研机构、高等学校股权奖励延期缴纳个人所得税，高新技术企业技术人员股权奖励分期缴纳个人所得税等，明显低于OECD国家税收优惠力度，高端人才受激励效应不足。

三、财税政策推动制造业创新能力提升的着力点

建立灵活的社会资本进入机制，加大向初创期、种子期企业的投入力度。引导各级地方政府根据区域特点灵活设立引导基金，有针对性地组建小规模、专业性强的母基金，通过构建不同规模、不同专业方向的政府引导基金组合，有效分散投资，降低财政资金的投资风险，使地方政府更敢于投资初创期高风险的项目。此外，通过政府向创业投资机构意向投资的早期企业提供资金扶持或其他服务，改善早期企业的融资条件，降低经营不确定性及创业投资机构投资早期企业的风险，引导其投向早期企业。充分借鉴国外相对成熟的运作模式，以税收优惠等措施引导社会资本投资。

加大对科技型中小企业的支持力度，保障各项优惠政策落地实施。适当放宽中小企业研发相关税收优惠的行业限制，将混业经营且确实存在研发费用支出的企业，纳入享受研发费用加计扣除范围。探索建立研发投入现金返还机制，政府根据不同行业研发活动投入金额的高低制定相应的返还比例，通过给予企业退税现金返还或随后若干年的税额抵免权，作为税额优惠和税基优惠政策的有益补充。

锚定制造业创新中心等创新载体，加大财税多渠道支持力度。可效仿美国做法，支持非营利性科研服务机构参与基础科学研究，基于世界贸易组织补贴与反补贴协议规定，加大对基础研究支持力度。真正发挥制造业创新中心的作用，以政府资金作为引导，采取专业化运营模式，根据市场需求，严格评估研发项目。在关键领域共性技术方面，注重“政产学研用”多方创新资源协作，发挥新型举国体制优势。重点调动企业参与研发的积极性，通过产权等利益分配机制构建，实现多企业合作攻关、多团队竞争参与的合作模式。发挥平台第三方身份优势，拓宽政府支持研发的投入渠道。

加大针对人才的税收优惠，尤其是对科技型人才的激励力度。参照国际惯例，

对企业引进高层次人才支付的工资薪金，实行企业所得税前加计扣除或税收抵免。允许企业职工教育经费据实税前列支，根据财政收入支出情况，适当对该费用采取相关的加计扣除或税收抵免措施。同时，对科技人员给予更多的税收激励。例如，对高科技人员与创新项目挂钩的收入给予一定的个人所得税优惠；对高科技人员在技术成果和技术服务方面的收入，可比照稿酬所得的规定，按应纳所得税额减征 30%或更多；对科研人员从事研究开发取得特殊成绩获得的各类奖励津贴免征个人所得税等。

第八章 财税政策助力制造业融合发展的路径

当前，制造业转型升级面临“内忧外患”困境日益明显、“两业融合”动力不足、“两化融合”程度不高等问题，严重影响制造业高质量发展。“两化融合”与“两业融合”互相渗透交织，“两化融合”是手段，“两业融合”是方向，二者共同构成制造业高质量发展在业态革新层面的着力点。财税政策有效支撑“两业融合”“两化融合”发展，但仍存在政策盲点与空白等问题，应继续推动财税改革，促使“两业融合”“两化融合”加快发展。

一、制造业融合发展现状

“两业融合”是全球分工体系调整和产业格局重塑着力点，也是顺应新一轮科技革命和产业变革，培育现代产业体系，增强制造业核心竞争力，实现高质量发展的重要途径[1]。自2018年起，“两业融合”就成为党中央、国务院工作重点，

1 郭凯明，黄静萍. 劳动生产率提高、产业融合深化与生产性服务业发展[J]. 财贸经济，2020（11）：112-125.

如表 8-1 所示。

表 8-1 “两业融合”历史沿革

时间	事件	内容
2018 年 12 月 13 日	中共中央政治局会议	提出推动先进制造业高质量发展，推进“两业深度融合”
2019 年 9 月 9 日	中央全面深化改革委员会第十次会议，通过《关于推动先进制造业和现代服务业深度融合发展的实施意见》	指出推动“两业深度融合”是增强制造业核心竞争力、培育现代产业体系、实现高质量发展的重要途径
2019 年 11 月 15 日	国家发展改革委等 15 部门联合印发《关于推动先进制造业和现代服务业深度融合发展的实施意见》	明确要在 2025 年之前形成一批创新活跃、效益显著、质量卓越、带动效应突出的深度融合发展企业、平台和示范区，企业生产性服务投入逐步提高，产业生态不断完善，“两业融合”成为推动制造业高质量发展的重要支撑
2020 年 9 月 9 日	国家发展改革委等 15 部门联合印发《推动物流业制造业深度融合创新发展实施方案》	提出促进物流业制造业融合创新、提高物流业制造业融合水平、优化融合发展的政策环境等十六条政策措施

数据来源：根据有关资料整理，2021 年。

我国先进制造业正加速发展，现代服务业已成为我国经济发展支柱之一，但“两业融合”仍存在融合深度不足、融合方式单一、附加值低、带动能力不强等问题。在制造业生产过程中使用现代服务业的比重是反映两业融合度的重要指标。数据显示，2005—2015 年，在韩国制造业部门总投入中，使用来自商务服务业的比重从 2.47%升至 3.15%，日本从 3.69%微降至 3.66%，我国从 1.59%升至 2.67%，但占比仍低于日本、韩国。历史差距再加上新一轮世界科技革命逼近，使得“两业融合”越发成为国家引导制造业转型升级的着力点。

另外，党中央、国务院先前已提出“两化融合”思路，引导制造业高质量发展。2011 年工信部印发《关于加快推进信息化与工业化深度融合的若干意见》，将“两化融合”政策提升至国家层面。当前面临国内外复杂多变形势及制造业发展遭遇严峻挑战，我国紧抓新一代科技革命与产业变革机遇，推进“两化融合”

加速发展，是促进制造业高质量发展，实现制造大国向制造强国转变的重要抓手。以工业软件、工业控制系统、工业网络为代表的关键技术及产品是“两化融合”的关键所在。但是，我国长期忽视工业软件发展，导致工业软件研发投入明显不足，引发国外厂商垄断我国工业软件、设计软件市场等严峻问题。数据显示，我国80%的规划软件、50%的制作软件均采用国外产品。

二、财税政策有效推动制造业融合发展且尚存“空间”

（一）财税政策有效推动制造业融合发展

“两业融合”与“两化融合”相互协调、共同推进，是制造业融合发展的主要抓手。财税政策能够为制造业新模式和新业态创造优质、宽松的运行环境，如表8-2所示。一方面，财税政策能精准促进生产性服务业、服务性制造业“野蛮生长”，实现“两业”有机统一；**另一方面**，引导成批制造业企业加强内外信息化建设，通过“互联网+”的模式，提升产业链上下游企业间设计、制造、商务和资源协同能力，推动“两化融合”发展。

表8-2 支撑制造业融合发展的主要财税政策

序号	出台部门	政策名称	政策文号	主要内容	扶持领域
1	财政部、税务总局	《财政部 税务总局关于设备器具扣除有关企业所得税政策的通知》	财税〔2018〕54号	2018年1月1日至2020年12月31日，企业新购进单位价值不超过500万元的设备、器具可一次性在税前扣除，该政策适用于所有行业企业	引导企业加大设备、器具投资力度
2	财政部、税务总局	《关于扩大固定资产加速折旧优惠政策适用范围的公告》	财税〔2019〕66号	固定资产加速折旧优惠的行业范围扩大至全部制造业领域	制造业企业加快技术改造和设备更新

续表

序号	出台部门	政策名称	政策文号	主要内容	扶持领域
3	财政部、税务总局	《关于明确部分先进制造业增值税期末留抵退税政策的公告》	财税〔2019〕84号	明确部分先进制造业纳税人退还增量留抵税额政策，关于增量留抵税额时间、数额与退还比例等要求取消	以资本密集型与技术密集型为代表的高产能企业
4	工信部办公厅、国开行办公厅	《工业和信息化部办公厅国家开发银行办公厅关于开发性金融支持特色产业精准扶贫项目试点和推进矿物功能材料产业示范基地建设的通知》	工信厅联原〔2017〕98号	对满足授信要求的项目，可提供中长期项目贷款和配套流动资金贷款，主要用于设备购置和厂房、仓储物流、配套基础设施和公共服务平台等建设	扶贫和矿物功能材料
5	工信部	《关于加快培育共享制造新模式新业态，促进制造业高质量发展的指导意见》	工信部产业〔2019〕226号	夯实共享制造发展的数字化基础，推动新型基础设施建设。加强5G、人工智能、工业互联网、物联网等新型基础设施建设，扩大高速率、大容量、低延时网络覆盖范围，鼓励制造企业通过内网改造升级实现人、机、物互联，为共享制造提供信息网络支撑	奠定制造业企业转型升级的依托，搭建制造业融合发展的载体
6	国务院	《国务院关于印发促进大数据发展行动纲要的通知》	国发〔2015〕50号	加大财政金融支持。强化中央财政资金引导，集中力量支持大数据核心关键技术攻关、产业链构建、重大应用示范和公共服务平台建设等。利用现有资金渠道，推动建设一批国际领先的重大示范工程。引导创业投资基金投向大数据产业，鼓励设立一批投资于大数据产业领域的创业投资基金	为制造业转型升级、融合发展培育宽松良好的金融与经营环境
7	工信部、国家发展改革委、财政部、国资委	《关于印发〈促进大中小企业融通发展三年行动计划〉的通知》	工信部联企业〔2018〕248号	通过中小企业发展专项资金、国家新兴产业创业投资引导基金、中小企业发展基金等，拉动各类产业基金、社会资本，引导融资担保和再担保机构支持大中小企业融通发展。中央财政连续三年支持实体经济开发区打造大中小企业融通型特色载体，有条件的地方可专门安排资金予以支持	大中小企业结构优化

续表

序号	出台部门	政策名称	政策文号	主要内容	扶持领域
8	工信部、网信办	《关于加快推动区块链技术应用和产业发展的指导意见》	工信部联信发〔2021〕62 号	推进“区块链+工业互联网”：推动区块链与标识解析融合创新，构建基于标识解析的区块链基础设施，提升“平台+区块链”技术融合应用能力，打造基于区块链技术的工业互联网新模式、新业态。推进“区块链+大数据”：加快建设基于区块链的认证可溯大数据服务平台，促进数据合规有序的确权、共享和流动，充分释放数据资源价值；发展基于区块链的数据管理、分析应用等，提升大数据管理和应用水平。推进“区块链+云计算”：基于云计算构建区块链应用开发、测试验证和运行维护环境，为区块链应用提供灵活、易用、可扩展的支撑，降低区块链应用开发门槛。推进“区块链+人工智能”：发展基于区块链的人工智能训练、算法共享等技术和方法，推动分布式人工智能模式发展；探索利用人工智能技术提升区块链运行效率和节点间协作的智能化水平	区块链产业融通发展
9	工信部	《新型数据中心发展三年行动计划》	工信部通信〔2021〕76 号	结合数据中心产业现状和发展趋势，确定“统筹协调，均衡有序；需求牵引，深化协同；分类引导，互促互补；创新驱动，产业升级；绿色低碳，安全可靠”的基本原则，分阶段制定了发展目标，提出了建设布局优化行动、网络质量升级行动、算力提升赋能行动、产业链稳固增强行动、绿色低碳发展行动、安全可靠保障行动等六个专项行动，包括 20 个具体任务和 6 个工程，着力推动新型数据中心发展	数据要素推动融通发展

资料来源：根据有关资料整理，2021 年。

案例 8-1　上海“两业融合”成效明显

2008—2018 年，上海生产性服务业增加值从 4188 亿元增长到 13 707 亿元，占全市 GDP 比重由 29.8%升至 41.9%，其中，服务业占 GDP 比重达到 69.9%，生产性服务业占服务业比重达到 60%。与发达国家“两个 70%”指标（服务业占 GDP 的 70%、生产性服务业占服务业的 70%）相比，上海已双双超过 60%，逐步接近发达国家水平。

案例 8-2　多家企业取得“两化融合”成效

以水泥行业为例，到 2019 年 7 月底，已有超过百家企业建立了企业级能源管控中心，唐山冀东、泰安中联、天瑞、华润四个水泥企业入选工信部智能制造试点示范企业名单。福建水泥、甘肃祁连山等 45 家企业入选国家“两化融合”管理体系贯标试点企业。海螺等大批企业应用了电子商务、互联网采购等模式，着力打造水泥行业的产业互联网。

（二）财税政策尚有推动制造业融合发展的“空间”

支撑“两业融合”财税政策优惠力度不够，存在政策盲点与空白。一方面，缺乏针对生产性服务业的财税优惠政策。生产性服务业是制造业转型升级过程中逐步发展起来的新兴产业部门，“营改增”之后，不同行业之间税率产生差异，部分从事生产性服务业的企业税负上升，尤其是在人力资本上投入较大的企业，如信息技术服务、研发服务等企业，可抵扣进项税少，减负获得感弱于制造业。**另一方面，**制造业企业融入服务业的财税优惠支持政策存在空白，即现行财税政策对“两业融合”产生的风险分担不足，如某些制造业企业在互联网设备投资和设施改造上普遍面临较大资金压力，尤其是专业维护费和第三方服务费较高，但现行的设备投资税收抵免政策缺乏对该类投资的扶持[1]。

“两化融合”财税政策支持体系还有待完善。一方面，财税政策扶持有关“两化融合”的技术、产品、安全、应用等措施仍需进一步加强协调配合。例如，企业智能化改造，需花费大量资金购买工业软件、智能系统等无形资产，此时缺乏全面的帮扶性财税政策优惠支持。虽然目前研发加计扣除政策有所覆盖，但在增值税进项加计扣除时，仍存在偏重扶持固定资产设备投入倾向。**另一方面，**基础电信与增值电信采取差异化税率，行业间存在不公平竞争，通信、信息和技术融合发展、业务和商业模式创新受到一定影响。

三、财税政策推动制造业融合发展的着力点

夯实完善“两业融合”财税政策，精准弥补政策盲点。首先，延长固定资产加速折旧一次性扣除优惠政策时间。若财政压力过大，可考虑针对研发型企业购入的机器、设备价格较高的，特别是高端精密仪器价格较高的，追加优惠政策有效期。**其次，**研究制定企业汇算清缴信息提示系统。基层税务机关加强固定资产加速折旧纳税调整管理、监控，逐步建立企业所得税汇算清缴信息提示制度，有效提示企业时间性差异转回的注意事项，防范涉税风险发生。**最后，**完善促进生产性服务业发展的相关财税政策。在财政压力可承担的前提下，对人力资本投入较大的企业，如信息技术服务，可考虑按3%增值税税率，实行简易计税方法。支持制造业投资互联网平台建设，可考虑将互联网设备及设施改造投入纳入税收抵免。企业互联网设备附带专业维护和第三方委托服务的，可将上述两类费用纳入税收抵免基数。

建立完备的“两化融合”财税政策支持体系。一方面，加大政府对“两化融合”投入力度。提高“两化融合”引导资金额度，扩大支持面，广泛开展试点示

1 郭健. 税收扶持制造业转型升级：路径、成效与政策改进[J]. 税务研究，2018（3）：17-22.

范，带动“两化融合”全面展开。建议参照《关于进一步鼓励软件产业和集成电路产业发展若干政策》，对重点行业的信息化先进企业实行增值税即征即退。比照环保税、安全生产、节能节水等专用设备，将以5G为代表的智能化改造投资项目纳入企业所得税优惠目录，给予税收抵免政策，允许按投资额的10%从企业当年应纳税额中抵免，当年不足抵免的，可在以后5个纳税年度结转抵免。**另一方面，**加快统一电信业增值税改革步伐。首先，将电信业务增值税税率统一为6%。其次，允许电信业在加计抵扣政策执行到期后（2021年12月31日），继续将已计提的加计抵减余额抵减完毕，或者进一步延长加计抵减政策实施年限，降低电信业增值税实际负担，缓解运营资金不足压力。最后，优化增值税全业务汇总纳税方式，将电信企业增值税汇总纳税方式由“先预缴、后汇总”改为“先汇总、后分配”[1]。

1 即取消分支机构预征税款，由总机构统一计算总机构、分支机构应税销售收入、销项税额、进项税额和应纳税额，再按总机构和分支机构各自的应税销售收入占全部应税销售收入比例，计算分配总机构和分支机构各自应缴纳税款。

第九章
财税政策助力制造业环境改善的路径

推动制造业环境改善是助力制造强国建设的重要内容，是实现制造业高质量发展成果社会共享的必要举措。我国制造业正面临新一代科技革命和产业变革的历史叠加期，把握制造业发展的历史机遇，对制造业环境改善提出了新要求。一方面，针对制造业转型升级的过渡期，要着力减轻制造业企业负担，确保转型升级轻装上阵。另一方面，面临新一轮科技革命和产业变革带来的产业基础设施换代升级，要致力于为制造业营造良好的产业配套物资保障。

一、制造业环境现状

制造业转型升级过程中面临要素成本、制度成本压力。改革开放以来，我国通过低成本的劳动力、环境、技术、土地，吸引资本集聚与国际产能转移，实现经济长期快速发展。随着我国要素禀赋发生变化，传统的劳动密集型、资源密集型产业要素优势削弱，制造业转型升级迫切。物流成本、融资成本等也加重企业经营压力。2020 年，我国物流总费用占 GDP 比重达 14.7%，仍高于全球平均水平 4 个百分点（2019 年全球物流成本占 GDP 比重为 10.7%）；2014—2020 年，我国中长期贷款利率从 6.15%降至 4.75%，但仍显著高于美国、日本、韩国等国家的中长期贷款利率。此外，当前制造业仍存在政府管理部门协同不足、政企沟通渠道不畅通、企业税负相对较重等制度性成本高企问题。

产业新型基础设施建设存在缺口。我国较长一段时间依靠投资拉动经济增长，地方基础设施建设取得长足进步，为制造业发展奠定了较好的基础设施配套条件。但在“四万亿元”大规模刺激政策下，地方政府以“铁公基”为代表的投资在一定程度上导致部分地区基础设施建设冗余，累积较高的地方债务，政府债务风险防控压力较大。随着 5G 等新一代信息技术的快速演进，以数字化、网络化、智能化为特征的制造业转型升级进程需要与 5G 基站等新的基础设施配套。地方政府在稳定债务风险的压力下，需加强对制造业转型升级相关的新型基础设施配套投入。

二、财税政策有效推动制造业环境改善且尚存“空间”

（一）财税政策有效推动制造业环境改善

降成本与优化营商环境是推动制造业环境改善的两大着力点。我国目前通过减税降费、政府采购、政府引导基金等财税政策手段，降低了制造业企业成本，改善了制造业发展环境，如表 9-1 所示。

表 9-1　推动制造业环境改善的财税政策

序号	出台部门	政策名称	政策文号	主要内容	扶持领域
1	国家发展改革委	《关于印发政府出资产业投资基金管理暂行办法的通知》	发改财金规〔2016〕2800 号	政府出资的产业投资基金应主要投资于非基本公共服务领域、基础设施领域、住房保障领域、生态环境领域、区域发展领域、战略性新兴产业和先进制造业领域、创业创新领域	营商环境
2	国务院	《关于印发降低实体经济企业成本工作方案的通知》	国发〔2016〕48 号	系统部署降成本总体方案及历年重点工作	营商环境
3	国家发展改革委、工信部、财政部、中国人民银行	《关于做好 2017 年降成本重点工作的通知》	发改运行〔2017〕1139 号	系统部署降成本总体方案及历年重点工作	营商环境
4	国家发展改革委、工信部、财政部、中国人民银行	《关于做好 2018 年降成本重点工作的通知》	发改运行〔2018〕634 号	系统部署降成本总体方案及历年重点工作	营商环境
5	国家发展改革委、工信部、财政部、中国人民银行	《关于做好 2019 年降成本重点工作的通知》	发改运行〔2019〕819 号	系统部署降成本总体方案及历年重点工作	营商环境
6	国家发展改革委、工信部、财政部、中国人民银行	《关于做好 2020 年降成本重点工作的通知》	发改运行〔2020〕1183 号	系统部署降成本总体方案及历年重点工作	营商环境
7	国家发展改革委、工信部、财政部、中国人民银行	《关于做好 2021 年降成本重点工作的通知》	发改运行〔2021〕602 号	系统部署降成本总体方案及历年重点工作	营商环境
8	工信部、国家发展改革委、财政部、国资委	《关于印发〈促进大中小企业融通发展三年行动计划〉的通知》	工信部联企业〔2018〕248 号	政府机构应预留本部门年度采购预算总额30%以上面向中小企业，其中预留给小型和微型企业的比例不低于 60%（中小企业无法提供的商品和服务除外）。鼓励大型企业与中小企业组成联合体共同参加政府采购，联合体中约定小型、微型企业的协议合同金额占到联合体协议合同总金额 30%以上的，可给予联合体 2%～3%的价格扣除	营商环境

续表

序号	出台部门	政策名称	政策文号	主要内容	扶持领域
9	财政部、税务总局	《关于实施小微企业普惠性税收减免政策的通知》	财税〔2019〕13号	对月销售额10万元以下（含本数）的增值税小规模纳税人，免征增值税；对小型微利企业年应纳税所得额不超过100万元的部分，减按25%计入应纳税所得额，按20%的税率缴纳企业所得税；对年应纳税所得额超过100万元但不超过300万元的部分，减按50%计入应纳税所得额，按20%的税率缴纳企业所得税	降成本
10	财政部、税务总局	《关于明确增值税小规模纳税人免征增值税政策的公告》	财政部、税务总局公告2021年第11号	自2021年4月1日起，小规模纳税人发生增值税应税销售行为，合计月销售额未超过15万元（以1个季度为1个纳税期的，季度销售额未超过45万元）的，免征增值税	降成本
11	财政部、税务总局、海关总署	《关于深化增值税改革有关政策的公告》	中华人民共和国财政部、国家税务总局、中华人民共和国海关总署公告2019年第39号	增值税一般纳税人（以下称纳税人）发生增值税应税销售行为或进口货物，原适用16%税率的，税率调整为13%；原适用10%税率的，税率调整为9%；自2019年4月1日起，试行增值税期末留抵税额退税制度	降成本
12	国务院办公厅	《关于印发降低社会保险费率综合方案的通知》	国办发〔2019〕13号	2019年5月1日起，降低城镇职工基本养老保险（包括企业和机关事业单位基本养老保险，以下简称养老保险）单位缴费比例。各省、自治区、直辖市及新疆生产建设兵团（以下统称省）养老保险单位缴费比例高于16%的，可降至16%；目前低于16%的，要研究提出过渡办法	降成本
13	国务院	《优化营商环境条例》	中华人民共和国国务院令第722号	系统界定部署营商环境优化改善工作，落实减税降费政策，规范涉企基金、收费等	营商环境
14	财政部、税务总局	《关于支持新型冠状病毒感染的肺炎疫情防控有关税收政策的公告》	财政部、税务总局公告2020年第8号	应对新冠肺炎疫情冲击的系列减税政策	降成本、保市场主体

续表

序号	出台部门	政策名称	政策文号	主要内容	扶持领域
15	财政部、税务总局	《关于明确先进制造业增值税期末留抵退税政策的公告》	财政部、税务总局公告 2021 年第 15 号	自 2021 年 4 月 1 日起，符合条件的先进制造业纳税人，可以自 2021 年 5 月及以后纳税申报期向主管税务机关申请退还增量留抵税额	降成本

资料来源：根据有关资料整理，2021 年。

案例 9-1　制造业环境改善取得一定成效

根据 2019 年 10 月世界银行发布的《2020 年营商环境报告》，我国制造业环境有一定改善，连续两年跻身全球营商环境改善最大的经济体排名前十，从 2017 年的第 78 位逐年跃升至 2018 年的第 46 位、2019 年的第 31 位。报告显示，我国在开办企业、办理施工许可、电力获取、中小投资者保护、纳税、跨境贸易、执行合同、办理破产等方面改革成效较好。

（二）财税政策尚有推动制造业环境改善的“空间”

增值税留抵退税力度不足，机制有待进一步完善。调研发现，企业增值税留抵税额是此前影响减税降费实施效果的重要因素，该项制度明显不利于制造业企业转型升级的技改投资、高科技重资产企业的新增投资等行为。为此，我国于 2018 年在部分行业开展留抵退税试点，自 2019 年 4 月 1 日起试行全面留抵退税，按六成折算，部分先进制造业企业可按 100%退还增量留抵税额。自 2021 年 4 月 1 日起进一步扩大范围，符合条件的先进制造业企业可申请退还增量留抵税额。但现行增值税期末留抵税额退税制度针对企业增量留抵税额，不涉及存量留抵税额；各级政府财政承压能力制约政策执行力度，影响留抵退税政策的减负效果。

案例 9-2 增值税留抵退税现行制度安排

根据财政部、税务总局、海关总署《关于深化增值税改革有关政策的公告》，自 2019 年 4 月 1 日起，增值税期末留抵税额退税制度全面推行。其中，纳税人当期允许退还的增量留抵税额＝增量留抵税额×进项构成比例×60%，即留抵退税按六成折算。根据财政部、税务总局《关于明确部分先进制造业增值税期末留抵退税政策的公告》，部分先进制造业纳税人当期允许退还的增量留抵税额＝增量留抵税额×进项构成比例，退还比例从 60%提高至 100%。根据财政部、税务总局《关于明确先进制造业增值税期末留抵退税政策的公告》，先进制造业纳税人（生产并销售“非金属矿物制品”“通用设备”“专用设备”“计算机、通信和其他电子设备”“医药”“化学纤维”“铁路、船舶、航空航天和其他运输设备”“电气机械和器材”“仪器仪表”销售额占全部销售额的比重超过 50%的纳税人）符合条件可申请退还增量留抵税额。根据财政部、税务总局、中国人民银行《关于调整完善增值税留抵退税地方分担机制及预算管理有关事项的通知》，自 2019 年 9 月 1 日起，增值税留抵退税地方分担的 50%部分，15%由企业所在地分担，35%由各地按增值税分享额占地方分享总额比重分担，该比重由财政部根据上一年各地区实际分享增值税收入情况计算确定。其中，中央财政主导 35%部分的调度统筹工作。

地方政府产业基金投资利用率不高，缺乏对产业新型配套基建的关注。当前，地方政府基金投向主要聚焦于产业升级、创新投资、新兴产业等国家政策扶持产业，各层级政府产业基金同质化较为严重。调研普遍发现，政府产业基金投资偏重于收益回报，对于投资初创期、早中期的本地创新型项目投入不足。基金保值增值压力导致地方政府产业基金存在辖区外投资（扩大优质项目的遴选范围）、投资进度缓慢等问题，未能真正发挥产业基金引导作用。产业转型升级不仅应聚焦在优质产业项目上，也不能忽视产业新型基础设施建设。特别是 5G 商用后，我国面临大规模传输网络与基站等建设投资需求，政府产业基金应转变重产业项目落地而轻产业基建配套的误区，提高基金投资利用率，回归产业基金促进产业发展的初衷。

制造业税负仍有下降空间，应继续推动财税改革。近年来，我国大力推动减负降税，取得一定政策效果，但我国目前 25%为主的企业所得税和 13%、9%为主的制造业增值税适用税率，以及多重叠加的税费在一定程度上加重了企业税费负担，我国制造业税负水平仍处于较高水平。

三、财税政策推动制造业环境改善的着力点

建议加大增值税留抵退税政策力度，可相机发行国债缓解财政压力；建议进一步完善增值税制度。针对增量留抵税额部分，建议参照先进制造业执行的留抵税额退还比例，将现行 60%的退还比例逐步提升至 80%，最终提升至 100%。针对存量留抵税额部分，**建议相机发行 5～10 年期国债一次性退还留抵税款**[1]。从制度层面建设角度，建议构建增值税集团汇总纳税制度，明确集团所纳税款在各分支机构所在地的分配标准，扩大集团内部增值税抵扣和对冲范围；建议增值税存量留抵税额被消化后，相机取消增值税留抵制度。

适时推动增值税三档并两档改革，择机下调企业所得税税率。建议将当前增值税率由 13%调整为 10%，取消 9%税率，将原适用 9%税率的征税对象改为适用 6%，改设 10%和 6%两档税率。建议择机下调企业所得税，将企业所得税基本税率由 25%降低为 20%。其中，比照机场、铁路、公路、城市公共交通等行业，将 5G 网络投资建设运营纳入公共基础设施项目，给予网络运营企业所得税“三免三减半”政策（自投资项目取得第一笔生产经营收入所属纳税年度起，第一年至第

---

1 留抵退税政策本质是将预收企业的税款退还，并非减税政策。当前国债融资成本远低于企业融资成本，考虑多年积累留抵税款数额较大，可将留抵税款转换为中长期国债，既能够明显降低企业资产负债率，节约企业融资成本，也可以通过将一次性退款转换为中长期利息方式，缓解财政压力。

三年免征企业所得税，第四年至第六年减半征收企业所得税）。落实和完善企业境外所得税收抵免政策、中小企业融资担保收入免征增值税、跨境电商零售出口“无票免税”等税收优惠政策，进一步降低制造业税费负担。

建议鼓励地方政府产业基金参与当地产业技改投资与新型基础设施建设。地市级、区县级基层政府基金相对国家级、省级政府产业基金而言，资源调配能力、项目遴选范围等方面缺乏竞争力，但对当地企业技改需求、产业配套基础设施建设需求等信息掌握程度具有显著优势。基层政府产业基金应考虑酌情减少如大型项目落地配套等外溢性较强领域的投入，发挥自身信息优势，聚焦基金管理人更为熟悉的本地优势产业技改投资与产业基础设施建设投资，提高产业基金的投资能效。

专 题 篇

第十章

我国支撑制造业发展的财税政策间协同需求

加快建设制造强国，发展先进制造业是全面建设社会主义现代化强国，实现“两个一百年”战略目标的重要基础。当前，我国已成为制造业体系最为完备的国家之一，制造业在体量和规模方面位居世界首位，一大批制造业企业伴随着我国经济高速增长而快速成长起来[1]。尽管从总体上看，我国制造业与过去相比取得了显著成就，但从当前国内外形势发展与未来要求看，仍存在诸多瓶颈和短板，我国制造业正面临着“爬坡过坎、转型升级”的艰巨任务。为了助推中国制造业转型升级，近年来，中央财政积极发挥职能作用，不断出台支持制造业发展的政策，创新财政资金投入方式，有力地推动了我国制造业高质量发展。目前支撑制造业发展的政策主要包括税收政策、财政补贴政策、政府采购和政府引导基金。

1 刘勇. 面向 2035 年的中国制造业高质量发展[J]. 中国经济学人，2021（1）：42-57.

一、税收政策

企业所得税可以从供给端对制造业的转型升级发挥作用[1]。企业所得税一般被作为调整税种。企业所得税的课税对象为纳税主体的收入，企业所得税的计算，允许企业对其生产经营过程中实际产生的成本、费用、损失等进行税前扣除。在税率不变的前提下，应纳税所得额越少，对应的应纳税额越少。企业所得税的多少，对纳税人的税后利润有很大影响，税后利润直接决定企业的可支配收入，会对企业再生产、扩大投资等行为产生一定的影响。我国现行所得税税收优惠政策如表 10-1 所示。

表 10-1　我国现行所得税税收优惠政策

措施	政策内容	政策来源
税基式减免优惠（加计扣除、加速折旧、减计收入等）	企业在 2018 年 1 月 1 日至 2020 年 12 月 31 日期间新购进的设备、器具，单位价值不超过 500 万元的，允许一次性计入当期成本费用，不再分年度计算折旧	《关于设备器具扣除有关企业所得税政策的通知》（财税〔2018〕54 号）
	企业研发费用加计扣除比例提高到 75%的政策由科技型中小企业扩大至所有企业	《关于提高研究开发费用税前加计扣除比例的通知》（财税〔2018〕99 号）
	委托境外进行研发活动所发生的费用，按照费用实际发生额的 80%计入委托方的委托境外研发费用。委托境外研发费用不超过境内符合条件的研发费用三分之二的部分，可以按规定在企业所得税前加计扣除	《关于企业委托境外研究开发费用税前加计扣除有关政策问题的通知》（财税〔2018〕64 号）
	对轻工、纺织、机械、汽车等四个领域重点行业（以下简称“四个领域重点行业”）企业 2015 年 1 月 1 日后新购进的固定资产（包括自行建造，下同），允许缩短折旧年限或采取加速折旧方法	《关于进一步完善固定资产加速折旧企业所得税政策有关问题的公告》（国家税务总局公告 2015 年第 68 号）
	企业职工教育经费支出不超过工资薪金总额 8%的，准予计算应纳税所得额时扣除；超过部分，准予以后纳税年度结转扣除	《关于企业职工教育经费税前扣除政策的通知》（财税〔2018〕51 号）

1 孔春蕾. 我国制造业转型升级的税收政策优化研究[D]. 上海：上海海关学院，2019.

续表

措施	政策内容	政策来源
税基式减免优惠（加计扣除、加速折旧、减计收入等）	科技人员从职务科技成果转化收入中获得的现金奖励，可减按50%计入当月“工资薪酬所得”	《关于科技人员取得职务科技成果转化现金奖励有关个人所得税政策的通知》（财税〔2018〕58号）
	对月销售额10万元以下（含本数）的增值税小规模纳税人，免征增值税；对小型微利企业年应纳税所得额不超过100万元的部分，减按25%计入应纳税所得额，按20%的税率缴纳企业所得税；对年应纳税所得额超过100万元但不超过300万元的部分，减按50%计入应纳税所得额，按20%的税率缴纳企业所得税	《关于实施小微企业普惠性税收减免政策的通知》（财税〔2019〕13号）
税额式减免优惠（免税、减税、税额抵免）	居民企业技术转让所得小于或等于500万元，免征企业所得税；大于500万元的部分，减半征收企业所得税	《中华人民共和国企业所得税法实施条例》第八十六条
	企业的下列所得，可以免征、减征企业所得税：从事农、林、牧、渔业项目的所得；从事国家重点扶持的公共基础设施项目投资经营的所得；从事符合条件的环境保护、节能节水项目的所得；符合条件的技术转让所得	《中华人民共和国企业所得税法实施条例》第二十七条
税率式减免优惠（减低税率）	自2018年1月1日起，对经认定的技术先进型服务企业，减按15%的税率征收	《关于将服务贸易创新发展试点地区技术先进型服务企业所得税政策推广至全国实施的通知》（财税〔2018〕44号）
	高新技术企业，减按15%的税率征收	《中华人民共和国企业所得税法》第二十八条
	依法成立且符合条件的集成电路设计企业和软件企业，在2018年12月31日前自获利年度起计算优惠期，第1年和第2年免征企业所得税，第3～第5年按照25%的法定税率减半征收企业所得税，并享受至期满为止	《关于集成电路设计和软件产业企业所得税政策的公告》（财政部税务总局公告2019年第68号）
其他优惠措施	高新技术企业和科技型中小企业自2018年1月1日起，亏损结转年限由5年延长至10年	《财政部　国家税务总局关于延长高新技术企业和科技型中小企业亏损结转年限的通知》（财税〔2018〕76号）
	企业符合规定的研发费用加计扣除条件而在2016年1月1日以后未及时享受该项税收优惠的，可以追溯享受并履行备案手续，追溯期限最长为3年	《财政部　国家税务总局科学技术部关于完善研究开发费用税前加计扣除政策的通知》（财税〔2015〕119号）

资料来源：网上资料整理，2020年。

增值税作为价外税，与商品价格密切相关，可以通过商品价格来影响需求，从需求方面对制造业转型升级产生影响。我国现行增值税税收优惠政策如表 10-2 所示。

表 10-2　我国现行增值税税收优惠政策

措施	政策内容	政策来源
降低增值税税率	自 2019 年 4 月 1 日起，制造业增值税税率降为 13%	《关于深化增值税改革有关政策的公告》（财政部　税务总局　海关总署公告 2019 年第 39 号）
扩大增值税留抵退税范围	自 2019 年 4 月 1 日起，试行增值税期末留抵税额退税制度。自 2019 年 6 月 1 日起，同时符合以下条件的部分先进制造业纳税人，可以自 2019 年 7 月及以后纳税申报期向主管税务机关申请退还增量留抵税额，以减轻这些企业的资金压力，支持企业扩大投资，实现技术装备升级	《关于深化增值税改革有关政策的公告》（财政部　税务总局　海关总署公告 2019 年第 39 号）；《关于明确部分先进制造业增值税期末留抵退税政策的公告》（财政部　税务总局公告 2019 年第 84 号）
提高增值税出口退税率	自 2018 年 9 月 15 日起，提高机电、文化等产品出口退税率，不同程度地提高钢铁、有色金属、金属制品、机械零部件等上百种产品的出口退税率。自 2018 年 11 月 1 日起，上调出口退税率，将部分金属制品等产品出口退税率提高至 13%；原出口退税率为 15%的，提高至 16%；原出口退税率为 9%的，提高至 10%；原出口退税率为 5%的，提高至 6%	《关于提高机电文化等产品出口退税率的通知》（财税〔2018〕93 号）；《财政部　税务总局关于调整部分产品出口退税率的通知》（财税〔2018〕123 号）
进口免税	进口符合国家规定的关键零部件及原材料，免征进口关税和进口环节增值税；对承担项目或课题的企业进口国外的关键设备、零部件、原材料，免征进口关税和进口环节增值税	《关于调整重大技术装备进口税收政策的通知》（财关税〔2009〕55 号）；《关于科技重大专项进口税收政策的通知》（财关税〔2010〕28 号）

资料来源：华信研究院根据网上资料整理，2020 年。

关税可以通过对成本、价格的影响来影响需求，比如关税的提高会导致产品价格的上涨，产品价格的提升会导致进口产品需求的降低，从而导致替代型产品的需求增加。我国现行关税税收优惠政策如表 10-3 所示。

表 10-3　我国现行关税税收优惠政策

措施	政策内容	政策来源
部分商品免征进口关税	自 2016 年 1 月 1 日至 2020 年 12 月 31 日，新型显示器件（包括薄膜晶体管液晶显示器件、有机发光二极管显示面板）生产企业进口国内不能生产的自用生产性（含研发用）原材料和消耗品，免征进口关税，照章征收进口环节增值税；进口建设净化室所需国内尚无法提供（国内不能生产或性能不能满足）的配套系统，以及维修进口生产设备所需零部件免征进口关税和进口环节增值税；自 2016 年 1 月 1 日至 2020 年 12 月 31 日，对符合国内产业自主化发展规划的彩色滤光膜、偏光片等属于新型显示器件产业上游的关键原材料、零部件的生产企业进口国内不能生产的自用生产性原材料、消耗品，免征进口关税	《关于扶持新型显示器件产业发展有关进口税收政策的通知》（财税〔2016〕62 号）；《关于调整新型显示器件及上游原材料零部件生产企业进口物资清单的通知》（财关税〔2018〕60 号）
	进口符合国家规定的关键零部件及原材料，免征进口关税和进口环节增值税；对承担项目或课题的企业进口国外的关键设备、零部件、原材料，免征进口关税和进口环节增值税	《关于调整重大技术装备进口税收政策的通知》（财关税〔2009〕55 号）；《关于科技重大专项进口税收政策的通知》（财关税〔2010〕28 号）
	试点企业进口自用设备（包括机器设备、基建物资和办公用品）时，暂免征收进口关税和进口环节增值税、消费税（以下简称进口税收）	《关于在综合保税区推广增值税一般纳税人资格试点的公告》（国家税务总局公告 2019 年第 29 号）
上调出口退税率	自 2018 年 9 月 15 日起，提高机电、文化等产品出口退税率，不同程度地提高钢铁、有色金属、金属制品、机械零部件等上百种产品的出口退税率。自 2018 年 11 月 1 日起，上调出口退税率，将部分金属制品等产品出口退税率提高至 13%；原出口退税率为 15%的，提高至 16%；原出口退税率为 9%的，提高至 10%；原出口退税率为 5%的，提高至 6%	《关于提高机电文化等产品出口退税率的通知》（财税〔2018〕93 号）；《财政部税务总局关于调整部分产品出口退税率的通知》（财税〔2018〕123 号）

资料来源：华信研究院，2020 年。

二、财政补贴政策

财政补贴指政府对企业的支持与引导，在一定时期内，在当前国家经济发展形势、产业发展形势下及企业创新形势下，对特定的企业所提供的补助，以对企业行为进行引导。财政补贴可以直接构成企业利润的一部分，主要包括三种类型：与科研创新相关的补贴，增加企业营收、减小企业生存压力的生产补贴和对企业荣誉的奖励补贴。财政补贴直接分担了企业经营过程中的成本与风险，可以缓解企业的资本约束，从而使企业可以节约资金从事创新性的研发等相关活动[1]。为了促进制造业的蓬勃发展，我国出台了一系列财政补贴政策。我国现行财政补贴政策如表 10-4 所示。

表 10-4　我国现行财政补贴政策

政策内容	政策来源
自 2019 年起，中央财政通过普惠金融发展专项资金每年安排约 20 亿元资金，支持一定数量的试点城市。试点期限暂定为 3 年，东、中、西部地区每个试点城市的奖励标准分别为 3000 万元、4000 万元、5000 万元。奖励资金可用于试点城市金融机构的民营和小微企业信贷风险补偿或代偿，或者用于试点城市政府性融资担保机构资本补充	《关于开展财政支持深化民营和小微企业金融服务综合改革试点城市工作的通知》（财金〔2019〕62 号）
自 2019 年起，新能源公交车辆完成销售上牌后提前预拨部分资金，满足里程要求后可按程序申请清算。在普遍取消地方购置补贴的情况下，地方可继续对购置新能源公交车给予补贴支持	《关于支持新能源公交车推广应用的通知》（财建〔2019〕213 号）；《关于调整完善新能源汽车推广应用财政补贴政策的通知》（财建〔2018〕18 号）
2019 年选择优势特色主导产业发展基础好、提质增效潜力大、地方政府高度重视的省份实施推进，支持山西、吉林、江苏、江西、河南、湖北、湖南、海南、四川、宁夏 10 个省（自治区，以下简称“各省”）实施绿色循环优质高效特色农业促进项目。中央财政通过以奖代补方式对实施绿色循环优质高效特色农业促进项目予以补助	《关于做好 2019 年绿色循环优质高效特色农业促进项目实施工作的通知》（农办计财〔2019〕22 号）
“863 计划”重点落实《国家中长期科学和技术发展规划纲要（2006—2020 年）》提出的前沿技术研究任务和部分重点领域中的重大研究任务。“863 计划”经费由中央财政专项拨款支持	国家高技术研究发展计划项目
国家科技支撑计划，以重大工艺技术及产业共性技术研究开发与产业化应用示范为重点，主要解决综合性、跨行业、跨地区的重大科技问题	国家科技支撑计划项目
装备制造是“973 计划”支持的重点领域之一，有力推动了数控机床、集成电路、基础铸件等装备制造领域中基础性研究	国家重点基础研究发展计划
高端装备制造是战略新兴产业的重点领域之一，专项资金用于产业重大关键技术突破、产业创新发展	战略性新兴产业发展专项资金

1 王肖. 促进河北省高端装备制造业发展的财税政策研究[D]. 石家庄：河北经贸大学，2019.

续表

政策内容	政策来源
国家设立重点产业振兴和技术改造专项资金，用于支持重点产业振兴和技术改造项目，涉及钢铁、石化、建材、装备制造、纺织、轻工、食品、医药、电子信息等重点行业	国家重点产业振兴和技术改造专项资金
对上年度进出口额低于 6500 万美元的企业及单位提升国际化经营能力提供支持	外经贸发展专项资金
国家发展改革委设立电子专用设备仪器、新型电子元器件及材料产业化专项	国家电子专用设备仪器、新型电子元器件及材料产业化专项
资金补助为促进“产学研”一体化，加快科技成果向现实生产力转化，支持战略性新兴产业发展，推进产业结构调整和经济发展方式转变，财政部、工业和信息化部联合组织国家重大科技成果转化工作，对重大科技成果转化予以资金补助	国家重大科技成果转化项目
2009 年，国家相继出台了装备制造业、汽车、钢铁和电子信息等十大重点产业振兴规划，明确以贷款贴息的方式鼓励企业进行技术改造	技术改造专项资金贷款贴息

资料来源：根据网上资料整理，2020 年。

三、政府采购

政府采购作为公共采购管理的基本制度，是政府财政支出的重要环节，也是国家经济调控的有效手段。现行政府采购相关制度设计初衷以满足各级国家机关、事业单位和团体组织的基本需求为主，以提高财政资金的使用效益、规范采购行为、促进廉政建设为基本原则，不追求优质优价，政策导向作用不明显，给引导产业发展等政策功能预留的空间不足。近年来，政府采购逐步发挥经济宏观调控功能，积极发挥政策导向作用，党中央、国务院、国家各部委也陆续出台了许多政策文件，主要集中在支持“首台套”、支持首购订购、支持绿色节能环保、支持中小企业发展、支持脱贫攻坚等方面。2017 年 12 月，财政部副部长刘伟在全国政府采购工作会议上的讲话中提出：“政府采购作为国际通行的宏观调控手段，必须适应建设现代化经济体系的要求，提高政治站位和工作层次，推动经济社会持续健康发展。要继续完善政策手段，积极拓展政策功能目标，健全支持创新和绿色等采购政策，助力供给侧结构性改革，贯彻落实新发展理念。”政府采购的政策导向作用越发突出。近年来，我国也在政府采购领域不断优化营商环境，助力制造业发展，主要采取了扶持中小企业发展、推动企业科技创新、促进制造业绿色发展等措施[1]。我国现行政府采购政策如表 10-5 所示。

表 10-5　现行政府采购政策

措施	政策内容	政策来源
推动企业科技创新	中央国家机关政府采购中心公布了 2018—2019 年中央国家机关信息类产品协议采购项目中标结果，搭载龙芯处理器的近 16 款桌面计算机/服务器产品成功入围	《2018—2019 年中央国家机关信息类产品（硬件）和空调产品协议供货采购项目中标公告》
	对符合先进技术发展，由国内企业或科研机构生产研发的试制品及首次投入市场的产品，经认定，将由政府进行首批购买，从而扩大先进技术产品的市场需求。对政府采购的形式进行了规定，单项或批量采购价值一次达 200 万元以上的，必须采用公开招标方式	国务院印发《国家中长期科学和技术发展规划纲要（2006—2020 年）》
扶持中小企业发展	政府部门采购预算，预留一部分额度面向中小企业，提供同样的服务、同样的货物，要支持中小企业，通过设定一定额度来强化这种导向；对小微企业参与采购竞争时给予价格扣除政策，让其有竞争力；拟建立预付款保函制度，如果小微企业有了订单、提供了保函，可以提前预付一部分货款	《政府采购促进中小企业发展暂行办法》（财库〔2011〕181 号）
促进制造业绿色发展	财政部发布通知，要求完善政府绿色采购政策，简化节能（节水）产品、环境标志产品政府采购执行机制，对政府采购节能产品、环境标志产品实施品目清单管理，不再发布“节能产品政府采购清单”和“环境标志产品政府采购清单”。由清单向品目的转变，表明了政府采购对绿色节能产品的进一步支持	《关于调整优化节能产品、环境标志产品政府采购执行机制的通知》（财库〔2019〕9 号）

资料来源：根据网上资料整理，2020 年。

四、政府引导基金

当前，传统制造业正承担着“三去一降一补”的供给侧改革重任，加快推进供给侧结构性改革，完成传统行业的转型升级，破解传统制造业领域的周期性问

1 中国政府采购制度改革：成就、挑战与对策[J]. 地方财政研究，2018（4）：60.

题和深层次矛盾，已经成为实现我国经济可持续发展的关键所在。产业投资基金作为一种成熟的投融资工具，能够提升社会资本配置效率，满足企业融资需求，实现政府调整产业结构的政策目标，最终推动传统制造业的转型升级。

（一）政府引导基金政策现状

中央财政一直高度重视制造业发展，通过设立并发挥国家集成电路产业投资基金、国家新兴产业创业投资引导基金、先进制造产业投资基金等政府投资基金作用，引导社会资本加大对制造业领域的投入力度，支持制造业重点领域产业化、规模化发展。2019 年 1 月，国务院办公厅印发《关于推广第二批支持创新相关改革举措的通知》，指出要针对地方股权基金中的种子基金、风险投资基金设置不同比例的容错率，推动种子基金、风险投资基金支持种子期、初创期、成长期的中小企业发展。国家也开始鼓励政府引导基金参与到直接投资行为中，并且引导资金更均衡地投向各阶段，改善早期阶段投资少的局面。

在早期，我国政府引导基金主要着眼于创业投资企业，随着不断发展，聚焦领域开始扩大。根据《政府出资产业投资基金管理暂行办法》，基金应主要投资于非基本公共服务、基础设施、住房保障、生态环境、区域发展、战略性新兴产业和先进制造业、创业创新七大领域，推动设立一大批相关行业的专业创投基金，帮助创新型企业快速成长。除明确规定资金投向外，引导基金还设定了负面清单。另外，不同地区的政府产业引导基金的投资方向也略有不同侧重。

（二）政府引导基金对制造业发展的作用分析

政府引导基金有利于实现财政资金的杠杆放大效应和持续滚动投资作用。随着我国经济增长进入新常态，充分发挥市场配置资源的决定性作用，是经济增长方式转变的方向，依靠传统财政补贴等方式促进经济发展已出现各种各样的问题，在一定程度上抑制了市场的作用。例如，补贴过于分散导致不能起到引导产业发展、不能有效调动市场主体积极性作用等问题。产业投资基金正是通过财政出资和政府引导，撬动社会资本，实现财政资金的杠杆放大效应和持续滚动投资作用的，是充分发挥市场机制的积极方式。目前，部分产业投资基金已在新兴产业、基础设施建设等领域取得了一定的投资回报，积累了一定的基金运作经验。因此，适时设立针对制造业高质量发展的产业投资基金，有利于吸引社会资金投资于传统制造业，有效调动社会资本和企业自主能动性，丰富政府支持实体经济发展的政策渠道，提高财政资金利用效率和效果。

（三）政府引导基金在引导制造业发展中存在的问题

一方面，基金发起设立意愿低。增强制造业竞争力等转型升级项目，支持时间长，资金需求大，整体收益率偏低，导致政府对此类基金的发起意愿不高[1]。一是政府存在惯性思维，扶持传统行业依赖于传统财税政策。多年来，政府针对传统制造业振兴出台了大量的政策，但核心措施依赖于财政补贴和税收优惠。二是当前阶段，政府设立产业投资基金偏好于新兴产业，挤压了传统工业受扶持的空间。**另一方面，政府引导基金易偏离产业政策目标。**一是基金设立的产业政策目标可能不清晰。传统工业行业整体规模大，涉及具体的供给侧改革任务多、领域宽，如何在众多任务中选择适当的领域和投资对象，成为产业基金能否完成产业政策目标的基本条件。二是基金的募集份额、组织形式等方面不能保障履行政府投资使命。近年，地方政府推出的产业基金，其意在发挥财政引导作用，追求投资“放大倍数”，将高杠杆率作为产业基金效果突出的衡量标准，导致财政资金只能作为参股形式，社会资本成为决定基金投资决策的主导力量。因此，在决策

---

1 左宇虹. 产业投资基金的规制困局[D]. 北京：中国政法大学，2020.

过程中出现将投资效益放在突出位置、忽略投资的政策目标、投资领域偏离等情况。

五、推动制造业高质量发展的政策生态体系设计

政策生态体系是指政策诸要素、环节的有秩序的集合体，即相互关系、相互作用的若干部分按一定结构组成的具有特定功能的整体，是基于政府各种调控手段和政策工具，兼顾各种社会发展目标，顺应经济发展需求，能适应复杂变化、动态调整、及时适配、反应改进的政策体系。在全球经济下行压力加大、中美贸易摩擦加剧的今天，政府需要发挥其在经济发展中制定规划、调控引导、服务保障等方面的职能，统筹考虑国际与国内、宏观与微观、长期与短期等方面的因素，建立政策生态体系，促进制造业高质量发展。

（一）制造业政策结构

制造业政策设计要遵循经济周期规律。经济周期也被称为商业周期、景气循环，一般是指经济活动沿着经济发展的总体趋势所经历的有规律的扩张和收缩。经济周期是国民总产出、总收入和总就业的波动，是国民收入或总体经济活动扩张与收缩的交替或周期性波动变化。经济发展过程中的繁荣与萧条存在着周期性规律，不同理论构建的经济周期有长有短，驱动因素也不尽相同。按照周期的长短和驱动因素不同，经济周期可以分为四类：康德拉季耶夫周期、基钦周期、朱格拉周期、库兹涅茨周期。推动制造业高质量发展需要把握产业发展的基本规律，在经济周期、企业成长周期等不同阶段要因地制宜地研究配套的相关政策。

制造业政策设计要加强短期政策与长期政策的统筹协调。在长期政策与短期政策协调等方面，在深刻理解把握产业发展规律和企业生命周期的基础上，充分

运用税收政策、财政补贴、政府采购和政府引导基金等手段，给予制造业从初创到成长、成熟等各个阶段的支持，努力提高我国经济生态的竞争优势，合力扶持制造业高质量发展。

长期来看，政府应综合运用政府引导基金、财政补贴、政府采购和税收政策、产业政策、货币政策等措施，给予制造业从初创到成长、成熟等各个阶段的支持，加快产业结构优化，有效提升整个制造业的高质量发展。制造业前期研发投入较大，容易产生外部性，仅仅依靠市场能力很难解决技术资金投入不足、投入风险过大等问题，这时候政府应通过预算安排引导产业投资基金投资社会发展的重点领域和薄弱环节，支持相关领域和产业发展，有效弥补市场缺陷，完善资源配置。

在企业最终生产出产品时，因为前期投入过大，为了弥补生产成本，企业生产的产品可能不具有市场竞争力，或者企业生产出来的产品还未获得市场认可，此时政府可以运用财政补贴政策和政府采购手段，引导市场购买相关产品，促进相关企业的蓬勃发展。企业获得利润后，政府适度运用税收优惠政策来减轻其税收负担，保证制造业持续发展。

短期来看，我们也要根据产业发展的实际情况，灵活出台相关政策，并动用强大的国家力量解决棘手问题。例如，在新冠肺炎疫情期间，工信部、财政部等部委机构接连出台相关的产业、财税政策，确保原材料、设备、人员等及时到位，为战胜新冠肺炎疫情提供源源不断的物资；在复工复产期间，工信部、财政部、商务部、中国人民银行等部委机构再次联手协作，出台一揽子相关产业金融财税政策，为企业提供必需的资金支持，减少运营成本，扩大内需，稳定就业，保护了我国的产业链、供应链，尽量减少新冠肺炎疫情对经济的冲击，推动经济重回正常运行轨道。在未来一段时间，新冠肺炎疫情蔓延、中美贸易摩擦加剧、民粹主义抬头、全球局势不确定性风险犹存，类似短期的政策协同刺激方案或有一定的发挥空间。

制造业政策设计要消除“政策冲突”。在宏观与微观政策协调方面，应善于使财税政策、金融货币政策、产业政策等协同发力。不断消除财政政策与金融货币政策之间的冲突，充分发挥两者的经济调节功能。在财税、金融等政策的微观执行层面，特别是在经济下行、中小企业受新冠肺炎疫情严重冲击时，要善于拓展思路，推行“以税补金”“以税揽金”措施，即以企业的缴税信用为背书，支持守信企业无抵押、低成本地向金融机构借贷，充分发挥税金协同效应。

（二）我国制造业产业政策设计

为了适应当前我国经济发展形势，并兼顾与国际规则的协调，减少对我国制造业政策的诟病，未来制造业产业政策应当以功能性政策为主，同时在研发等关键领域也不能完全摒弃选择性政策，逐步构建起符合我国发展实际的制造业政策体系。制造业产业政策统计如表 10-6 所示。

表 10-6　制造业产业政策统计

制造业产业政策	政策类别	主要政策目的
财政支持政策	选择性政策为主	通过财政支持发展核心技术、高端产品采购等
税收扶持政策	功能性政策为主	通过降低关税、优化制造业税制，降低制造业企业成本，提升效率
金融服务政策	功能性政策为主	改善制造业企业融资环境
人才培育政策	功能性政策为主	全国性技术培训、企业培训，丰富人才供给
区域协调发展政策	选择性政策为主	促进中西部制造业发展，与东部良好互动
开放发展政策	功能性政策为主	调整过剩产能、推动对外合作、增强国际竞争力
优化营商环境政策	功能性政策为主	促进制造业公平竞争、完善市场竞争机制

资料来源：华信研究院整理，2020 年。

1. 改进制造业财政支持政策

一是创新政府采购支持方式。发挥政府购买引导功能，构建我国创新产品远期约定政府购买制度机制，推动政府从传统的购买市场现有产品的方式转向预定创新产品，建立与潜在供应商的双向沟通机制，刺激企业加大创新投入力度。二是加大对研发不可诉补贴的支持力度。在研发领域继续实施选择类政策，突破“卡脖子”的关键领域，在符合 WTO 补贴规则的背景下加强对研发的补贴支持。三是积极应对反补贴调查和起诉。加快对过去优惠政策措施的审查，将其中不符合 WTO 规定的部分及时修改或废除。在《反补贴条例》的基础上，在国内制定《反补贴法》，以法律的形式对违法禁止性补贴的政策进行规制。

2. 加强制造业税收扶持政策

加快构建与建设制造强国相适应的税收制度，逐步改变以间接税为主的格局，提高直接税比重。研究更加灵活和多样化的制造业税收优惠政策，在留抵退税、研发费用加计扣除等方面进一步加大力度。放宽高新技术企业认定条件，探索将新型研发机构纳入高新技术企业范畴，享受高新技术企业税收优惠政策。

3. 健全制造业人才培育政策

按照我国制造业产业结构调整、产业布局等需求，科学统筹和把握劳动力转移就业的力度和节奏，制定制造业人才培训规划，纳入国民经济和社会发展中长期规划。加强政府对用人单位引进人才的流动就业、安家置业、入籍落户、子女就学入托等服务，为海外人才提供更开放、包容、便利的人尽其才的环境。对高端装备、人工智能、绿色制造等领域的高端人才，降低个人所得税。对制造业关键技术重点行业引进人才取得的政府一次性奖励、补贴等，免征个人所得税。

4. 制定促进区域协调发展政策

一是统筹东部沿海地区制造业产能转移。目前东部沿海地区受人力成本、自然环境等因素的影响，未来可采取有效手段提升具有综合优势的制造业企业，促进其向中西部转移，帮助其继续在国内稳定发展。二是引导中西部和东北部地区制造业转型升级。提升开放水平，促进传统制造业转型升级。在钢铁、有色金属、轻工纺织、装备制造等传统制造领域，结合国内产业结构调整，依托当地矿产、农产品、劳动力等资源建立加工厂，在国内外形成上下游配套、集群式“闭环发展”的制造业发展模式。

第十一章 加大对制造业支撑的增值税改革力度

随着我国经济进入高质量发展阶段，为了完成稳增长、保就业等目标，需要优化升级经济结构，推动经济发展方式转换。税收制度改革是促使经济发展方式转换的重要驱动力量。增值税是我国税制结构中的主体税种。自2012年“营改增”试点改革以来，我国增值税改革不断深化，既有17%、11%分别降至16%、10%及13%、9%的税率调整，又有四档变三档的税率简并，更有留抵退税等政策改革，均取得一定成效。经济下行之时，为进一步减轻中国经济的“脊梁”——制造业企业的税收负担，激发市场活力，应加快增值税税率三档并二档可行性研究进程，继续推动增值税留抵退税政策改革，为制造业再降负提供决策支撑。

一、增值税税率调整

改革开放四十多年来，我国税收制度进行了多次改革，规范化、法治化程度得到极大提升，既反映出市场自身不断调整完善，也越来越体现出税收政策工具持续匹配、服务于政府的资源配置调节目标。其中，增值税制度作为我国主要税种，其改革特别是增值税税率调整具有重大的现实意义。

（一）增值税制度的改革历程

梳理改革发展路径发现，增值税制度改革历程大致分为三个阶段，如表 11-1 所示。

第一阶段是 1979—1994 年增值税制度的确立和规范。这个时期，国家在 1984 年出台了《中华人民共和国增值税条例（草案）》、在 1993 年年底发布了《中华人民共和国增值税暂行条例实施细则》等文件，标志着我国正式建立了规范化的“生产型增值税”，奠定了增值税、消费税、营业税三大税并存的流转税格局。

第二阶段是 2004—2016 年增值税的转型和扩围。这个时期，既有 2004—2008 年以增值税的转型和扩围为主的试点阶段，通过试点发现问题，不断完善增值税制度，又有 2009 年全国范围增值税转型改革阶段，先后将建筑业、房地产业、金融业、生活服务业等行业全部纳入试点范围，最终在 2016 年 5 月 1 日全面推广实施“营改增”改革，扩大了增值税抵扣范围，使增值税抵扣链条更加完整。2006—2010 年，国家完成了增值税从生产型全面转型为消费型。“营改增”及允许抵扣购进的机器设备等固定资产的进项税额，既解决了营业税在商品和劳务流转过程中存在的重复征税问题，保持税收中性，减少征税对市场机制的扭曲，又降低了增值税的税基，为企业减轻了税收负担，推动了先进制造业和现代服务业的发展。

第三阶段是 2017 年以来的增值税税率的简并归档与调整。这个时期，国家推行了一次增值税税率简并归档和两次税率调整，先于 2017 年出台了《关于简并增值税税率有关政策的通知》，后于 2018 年上半年再次出台《关于调整增值税税率的通知》的税率调整文件，将 17%、13%、11%、6%四档基本税率归为 16%、10%、6%三档税率，其中将 13%归并于 11%税档，同时调低 17%与 11%税率各一个点，既减轻了企业税负，又降低了税收征管复杂度，为经济可持续发展添薪助力。2019 年 4 月 1 日，国家将制造业等现行 16%的税率降至 13%，将交通运输业、建筑业等行业现行 10%的税率降至 9%。

表 11-1　增值税制度的改革历程及政策的作用与效果

历程	改革内容	作用与效果
增值税制度的确立和规范	1979 年，引进增值税并开始试点	（1）增值税制度正式确立。 （2）增值税计税方法完善。 （3）按照国际通行做法建立了规范化的“生产型增值税”，确立了增值税、消费税、营业税并存的流转税格局，实现了与国际接轨
	1984 年 10 月，《中华人民共和国增值税条例（草案）》	
	1986 年，《关于完善增值税征税办法的若干规定》	
	1993 年 12 月 13 日，《中华人民共和国增值税暂行条例》	
	1993 年 12 月 25 日，《中华人民共和国增值税暂行条例实施细则》，于 1994 年 1 月 1 日起施行	
增值税的转型和扩围	2008 年 12 月 19 日，《关于全国实施增值税转型改革若干问题的通知》	（1）实现增值税全面转型。 （2）扩大抵扣范围，推动扣税链条更加完整，减少了商品和劳务流转过程中的重复征税问题，间接减轻了企业的税收负担，推动了先进制造业和现代服务业的发展
	2012 年，上海率先实施交运、现代服务业营改增试点，“营改增”改革	
	2016 年 3 月 23 日，《关于全面推开营业税改征增值税试点的通知》，存在 17%、13%、11%、6%等多档税率和 3%的征收率	
增值税税率的简并和调整	2017 年 4 月 28 日，《关于简并增值税税率有关政策的通知》，简并调整增值税税率，四档变三档	（1）简化税收征管。 （2）进一步降低企业税负
	2018 年 4 月 4 日，《关于调整增值税税率的通知》，下调增值税税率	
	2019 年 4 月 1 日，将制造业等现行 16%的税率降至 13%，将交通运输业、建筑业等行业现行 10%的税率降至 9%	

资料来源：根据有关资料整理，2021 年。

其中，制造业是中国经济的“脊梁”，企业主要缴纳增值税和企业所得税。为降低制造业企业税负，我国通过增值税改革，对激发市场活力发挥了重要作用。但我国当前税制结构调整仍存在掣肘，造成制造业税负仍偏重，影响制造业国际竞争力塑造。根据 2017 年税务统计年鉴数据测算，2016 年，我国的制造业国内增值税占制造业总税收比重为 37.95%。我国企业部门纳税占比合计达到 80%以上，其中国内增值税和企业所得税占比最高，分别达到39%和22%。

2018 年全年，我国大力实施降低增值税税率等减税降费政策，合计减税降费规模约 1.3 万亿元，但“营改增”扩大税基，实质上增加了制造业企业的税收负担，比如“营改增”之前，营业税与增值税并存，很多制造业中小企业存在低报营业税等偷漏税行为，但“营改增”后，企业所有交易环节都需要提供发票信息，实质上大幅度增加了税收征管的力度与深度，导致在税基大幅增加的基础上变相加税。据 Wind 数据库数据计算可得，2018 年，我国税收增速达到 14%以上，而增值税增速却达到 16%以上，都远高于 10%的名义 GDP 增速，在一定程度上反映出我国企业负担进一步加重，还需继续深化增值税改革。

（二）增值税税率三档并两档分析

1. 增值税抵免链条原理

劳动价值理论表明商品价值包括三部分，即 $C+V+m$。其中，C 是设备、原材料等成本，V 是劳动力价值，m 是剩余价值，$V+m$ 是生产过程中创造出来的新价值。根据增值税的定义，$V+m$ 是理论上的增值额，C 是理论上的扣除额。但实际上增值税都以法定增值额为课税对象，法定增值额则根据商品销售总额扣除成本之后的差额确定，即各国对购进商品成本规定了具体范围，称为法定扣除额（税法规定的扣除额）。

假定增值税率为 t_1，一般纳税人 A（制造业各行业所对应的上游行业）的产品价格（不含税）为 P_A，进项税为 0，制造业企业的增值额（毛利润）为 Δ_F，一般纳税人 B（制造业各行业所对应的下游行业）的增值额为 Δ_B，不考虑税负转嫁问题。

情景 1： 基准情况，考虑制造业正常缴纳增值税下纳税人税负，如表 11-2 所示。

表 11-2　对制造业正常计征增值税税率的税负分析

名目	一般纳税人 A	制造业	一般纳税人 B
产品价格（不含税）	P_A	$P_A+\Delta_F$	$P_A+\Delta_F+\Delta_B$
进项税	0	$P_A t_1$	$(P_A+\Delta_F)t_1$
销项税	$P_A t_1$	$(P_A+\Delta_F)t_1$	$(P_A+\Delta_F+\Delta_B)t_1$
应纳税额	$P_A t_1$	$\Delta_F t_1$	$\Delta_B t_1$
三个环节总税负	$(P_A+\Delta_F+\Delta_B)t_1$		

注：增值税应纳税额=销项税-进项税；表中考虑的都是 1 单位产品情况。

情景 2：考虑全面取消制造业增值税下纳税人税负，即实施零税率，如表 11-3 所示。

表 11-3　对制造业计征零增值税的税负分析

名目	一般纳税人 A	制造业	一般纳税人 B
产品价格（不含税）	P_A	$P_A+\Delta_F$	$P_A+\Delta_F+\Delta_B$
进项税	0	$P_A t_1$	0
销项税	$P_A t_1$	0	$(P_A+\Delta_F+\Delta_B)t_1$
应纳税额	$P_A t_1$	$-P_A t_1$	$(P_A+\Delta_F+\Delta_B)t_1$
三个环节总税负	$(P_A+\Delta_F+\Delta_B)t_1$		
与基准情况相差	0		

注：增值税应纳税额=销项税-进项税；表中考虑的都是 1 单位产品情况。

比较情景 1 与情景 2，我们发现，将制造业增值税税率调整为零，制造业有减负效应，相当于获得“$P_A t_1$”数额政府补贴，但作为制造业下游的一般纳税人 B 承担了较多的税收负担，因此理论上对于整体国民经济税收负担没有影响。

但需要注意的是，全面取消制造业增值税，一方面，虽然有利于制造业降税负，但直接导致全行业增值税抵扣链条严重断裂（制造业下游企业无法取得进项税抵扣），税负将全面向服务业转移，并通过服务业价格上涨传导回制造业。另一方面，从改革总体而言，这种改革方案有违我国财税体制改革逻辑，将导致财政收入面临重大挑战，造成财政赤字率陡增，财政减税效果堪忧。

因此，基于当前增值税 13%、9%、6%三档税率，本章分别设置了将 13%调整为 12%、9%并档到 6%，将 13%调整为 11%、9%并档到 6%，将 13%调整为 10%、9%并档到 6%，将 13%调整为 9%并档到 6%这 4 种增值税税率并档及调整的情景分析，综合评判增值税税档简并及调整对制造业减负、财政收入及 GDP 增长等影响，试图为制造业减负提供有益决策支撑。

2. 增值税税率并档对制造业影响的情景分析

深化增值税改革，不仅要考虑对制造业总税负及制造业各行业税负变动幅度，还要充分考虑增值税的税率或结构变动对财政收入、GDP 等多方面的影响。

1）增值税税负测量方法

对于各行业对应的进项税率，结合各行业的销项税率和统计局发布的投入产出表进行测算：首先，假设 t_{xi} 为行业 i 产品的增值税税率（销项税率），X_i 为某个行业生产过程中投入行业 i 产品的额度，Y_i 为行业 i 的最终产出额，那么 $X_i/\sum X_i$ 为在某个行业生产过程中，投入行业 i 产品占该行业生产过程中间总投入的比重，即中间投入系数 α_i，因此进项税加权税率 t_{ji} 计算公式为

$$t_{ji} = \frac{\sum t_{xi} X_i}{\sum X_i} = \sum t_{xi} \times \alpha_i \tag{11-1}$$

假设总产出为 Y，存货增加为 W_i，中间总投入为 β_i，增值税税负 θ 计算公式为

$$\theta = (Y - W_i) \times t_{xi} / (1 + t_{xi}) - \beta_i \times t_{ji} / (1 + t_{ji}) \tag{11-2}$$

假设财政赤字率变化为 χ，减税规模为 ϕ，基期 GDP 为 GDP_j，GDP 预期增速为 ε，财政赤字率变化计算公式为

$$\chi = \phi / \left[\text{GDP}_j \times (1+\varepsilon) \right] \qquad (11\text{-}3)$$

假设减税所得全部用于投资，GDP 拉动率为δ，资本形成总额为γ，社会固定资产投资为η，GDP 拉动率计算公式为

$$\delta = \phi \times (\gamma / \eta) / \left[\text{GDP}_j \times (1+\varepsilon) \right] \times 100\% \qquad (11\text{-}4)$$

2）制造业整体情景测算及结果分析

2019 年 4 月 1 日，我国将制造业等现行 16%的行业税率降至 13%，将交通运输业、建筑业等现行 10%的行业税率降至 9%。此外，同年 3 月，李克强总理在《政府工作报告》中指出，继续推进增值税率“三档并两档”工作。因此，本章预判增值税改革的方向，基于当前增值税税率设置，分别进行 12%和 6%两档税率、11%和 6%两档税率、10%和 6%两档税率、9%和 6%两档税率 4 种增值税税率并档调整的情景测算分析，综合评判增值税税档简并调整对制造业减负、财政收入及 GDP 增长等的影响。

情景 1：将全部适用 13%的行业税率均调至 12%；全部适用 9%的行业税率并到 6%一档税率，设置 12%、6%两档税率。经测算，如表 11-4 所示，制造业增值税减税规模可达 7.52 千亿元，将拉动 GDP 增长 0.47%，增加 0.79 个百分点的财政赤字率。鉴于美国、法国等发达国家的财政赤字率均超出 3%的国际警戒线，其中美国 2018 年财政赤字率达到 3.9%，法国 2018 年之前近 10 年的财政赤字率均超过 3%，仍能够拉动国家经济增长。因此，笔者认为，我国财政赤字率可参考上述发达国家，适当放宽上限，如将警戒线设定为 4%。总体来看，该税改方案降低制造业增值税税负明显，有助于拉动 GDP 增长，扩大税源，再加上政府节支等因素，减税带来的财政收入压力仍在可控范围内。

情景 2：将全部适用 13%的行业税率均调至 11%；全部适用 9%的行业税率并到 6%一档税率，设置 11%、6%两档税率。经测算，如表 11-4 所示，制造业增值税减税规模可达 10.81 千亿元，将拉动 GDP 增长 0.67%，增加 1.13 个百分点

的财政赤字率，带来较大财政压力，财政收入将受到一定影响。总体来看，该税改方案能较大幅度地降低制造业增值税税负，拉动 GDP 增长，财政收入面临较大挑战，但还在承压范围之内。

表 11-4　增值税税率并档对制造业影响的情景分析

情景	变量名	变动幅度
情景 1：将全部适用 13%的行业税率均调至 12%；全部适用 9%的行业税率并到 6%一档税率，设置 12%、6%两档税率	税负变动	7.52 千亿元
	拉动 GDP 增长	0.47%
情景 2：将全部适用 13%的行业税率均调至 11%；全部适用 9%的行业税率并到 6%一档税率，设置 11%、6%两档税率	税负变动	10.81 千亿元
	拉动 GDP 增长	0.67%
情景 3：将全部适用 13%的行业税率均调至 10%；全部适用 9%的行业税率并到 6%一档税率，设置 10%、6%两档税率	税负变动	16.94 千亿元
	拉动 GDP 增长	1.05%
情景 4：将全部适用 13%的行业税率均调至 9%；全部适用 9%的行业税率并到 6%一档税率，设置 9%、6%两档税率	税负变动	17.64 千亿元
	拉动 GDP 增长	1.10%

数据来源：中国统计局投入产出表、Wind 数据库，2021 年。

情景 3：将全部适用 13%的行业税率均调至 10%；全部适用 9%的行业税率并到 6%一档税率，设置 10%、6%两档税率。经测算，如表 11-4 所示，制造业将减少 16.94 千亿元的增值税税负，拉动 GDP 增长 1.05%，增加 1.77 个百分点的财政赤字率，带来更大的财政压力，财政收入承压能力有待谨慎考虑。但随着 GDP 增长，我国税源将有所扩大，制造业企业创收能力提升，必然会带动财政收入增加，同时适度提高国有金融机构、央企等利润上缴额，开源减支，保障财政收入规模下降幅度不大。总体来看，该税改方案能够更大幅度地降低制造业增值税税负，拉动 GDP 增长，使财政收入面临较大挑战，但如能够配合扩源节支等措施，加大财政收入规模，可在一定程度上减小财政收入减收压力。

情景 4：将全部适用 13%的行业税率均调至 9%；全部适用 9%的行业税率并到 6%一档税率，设置 9%、6%两档税率。经测算，如表 11-4 所示，制造业将减少 17.64 千亿元的增值税税负，拉动 GDP 增长 1.10%，增加 1.84 个百分点的财政赤字率，带来的财政压力更需谨慎考虑。总体来看，该税改方案降低制造业增值税税负效应特别显著，拉动 GDP 增长，但也造成更大财政收入压力，需要进行综合评判。

综上，情景 2 较情景 1，制造业增值税减税额增加 3.29 千亿元，拉动 GDP 增长幅度增加 0.2 个百分点。情景 3 较情景 2，制造业增值税减税额增加 6.13 千亿元，拉动 GDP 增长幅度增加 0.38 个百分点。情景 4 较情景 3，制造业增值税减税额增加 0.70 千亿元，拉动 GDP 增长幅度增加 0.05 个百分点。可见，情景 4 较情景 3 所带来的制造业增值税减税增加幅度、拉动 GDP 增长幅度都较为有限，但相应又增加了财政赤字率 0.07 个百分点。因此，情景 3 是相对可以选择的较优税改方案。

此外笔者认为，一方面，随着 GDP 增长，财政收入也会有所增加，再加上适度强化征管、扩源节支等措施，财政收入应有一定承压能力。因此，将增值税设置为 10%、6%两档税率具有一定可行性。另一方面，世界上不少国家给制造业和服务业设定同档税率，但我国仍需进一步提升服务业发展水平，推动制造业淘汰低端产业，促进产业结构调整，因此也需要在产业间设定差异化税率，即两档税率应有一定的差距。

3）制造业各产业情景测算及结果分析

基于上述测算原理，本章进一步深化增值税税率并档对制造业各行业影响的情景分析。依据测算结果，如表 11-5 所示，在 4 种情景中，制造业所有行业都有不同程度的增值税税负降低情况，但增值税减负幅度存在差异。这可能是由于各行业对应不同的上游行业，进项抵扣必然存在一定的差异，因此增值税降税率或许导致部分行业的进项抵扣高于其他行业的进项抵扣，或者是部分行业的销项税降低幅度高于其他行业的销项税降低幅度，最终出现食品和烟草、化学产品、金属冶炼和压延加工品等行业减负相对较大，而仪器仪表、木材加工品和家具等行业减负相对较小的现象。

表 11-5 增值税税率三档并二档对制造业各行业税负的影响（单位：百亿元）

名称	情景 1	情景 2	情景 3	情景 4
食品和烟草	7.86	14.04	34.82	26.83
纺织品	2.60	4.21	8.99	7.55
纺织、服装、鞋帽、皮革、羽绒及其制品	3.57	4.76	6.44	7.22
木材加工品和家具	1.87	2.73	4.53	4.52
造纸印刷和文教体育用品	3.05	4.27	6.18	6.80
石油、炼焦产品和核燃料加工品	2.65	4.92	12.35	9.62
化学产品	11.61	16.62	24.44	27.02
非金属矿物制品	5.50	7.60	9.77	11.95
金属冶炼和压延加工品	7.46	10.35	13.32	16.34
金属制品	3.32	4.56	5.85	7.15
通用设备	4.32	5.79	7.30	8.84
专用设备	2.97	3.94	4.94	5.96
交通运输设备	6.65	8.78	10.96	13.20
电气机械和器材	4.58	6.10	7.65	9.25
通信设备、计算机和其他电子设备	6.04	7.94	9.89	11.89
仪器仪表	0.80	1.05	1.30	1.56
其他制造产品	0.31	0.44	0.65	0.69

数据来源：中国统计局投入产出表、Wind 数据库，2021 年。

这也反映出我国当前普惠性减税重点实施增值税降税率有利于降低制造业各行业税负，但测算结果表明，传统制造业行业受益较大，而仪器仪表、专用设备等先进制造业降税负幅度较小，应加快出台支持先进制造业发展的配套税收优惠措施，确保制造业行业降负的公平性，同时加大对先进制造业的支持力度，促进制造业高质量发展。

（三）电子信息行业两档并一档分析

“营改增”是国家实施结构性减税的一项重要举措，也是一项重大的税收体制改革。其中，电信业差异化税率等问题，在一定程度上增加了企业管理成本，使企业运营承担一定压力。为了减轻企业负担，2014 年 6 月，电信业被纳入“营改增”试点范围，基础电信和增值电信分别执行 11%和 6%的税率。2018 年 5 月，基础电信业税率被调整为 10%，2019 年 4 月再次下调至 9%，增值电信保持 6%税率不变。当前，基于 5G 商用初期投资规模大、运营成本高等问题，电信业增值税还需进一步深化改革，助力制造强国建设。

1. 改革现状

增值税整体税负普降。增值税改革以来，基础电信企业收入结构（增值电信 6%税率收入占比提高）不断优化。此外，受 4G 投资等资本性支出进项税抵扣等影响，基础电信企业增值税整体税负（应缴增值税/含税营业收入）普遍下降，如图 11-1 所示。但 2019 年实施的深化增值税改革政策特别是降低增值税税率，政策实施时间短、进销项税率不一致等问题导致基础电信企业税负增减不一。2019 年 4—6 月，中国电信、中国联通、中国移动应缴增值税分别为-0.27%、0.8%和 0.4%。其中，中国联通应缴增值税较 1—3 月提高 5.92 亿元，税负上升 0.9 个百分点；中国电信、中国移动应缴增值税较 1—3 月分别下降 3.67 亿元和 4.12 亿元，税负分别下降 0.37 个百分点和 0.21 个百分点。

2. 存在的主要问题

差异化税率带来较高管理成本并造成行业间不公平竞争。电信业被纳入“营改增”试点已实施 5 年，基础电信服务收入占比出现明显下降。2018 年中国电信、中国联通和中国移动三家电信企业基础电信收入占营业收入比重分别为 18.72%、21.4%和 21.35%，较 2014 年分别下降 13.64 个百分点、13.65 个百分点和 21.88 个百分点。若继续对电信业执行差异化税率，会给税企双方带来较高的征纳管理成本。对基础电信业而言，电信业融合资费套餐已成为客户主流消费模式，电信企业系统内存量套餐种类多样化。在实际生产经营过程中，需针对每个客户细化记录各类业务使用量，按照对应类型进行收入区分并严格匹配正确税率，为此基础电信企业投入了大量人力、物力进行拆分，增加了管理成本。《国民经济行业分类》（GB/T 4754—2017）规定，电信、互联网、软件和信息技术均属于“信息传输、软件和信息技术服务业”。在实践中，电信业务与软件、互联网等信息技术产业的融合日益深入，业务趋于同质化，对互联网等增值电信服务和基础电信服务分别征收 6%和 9%的增值税税率，造成行业之间不公平竞争，影响了通信、信息和技术融合发展、业务和商业模式创新。

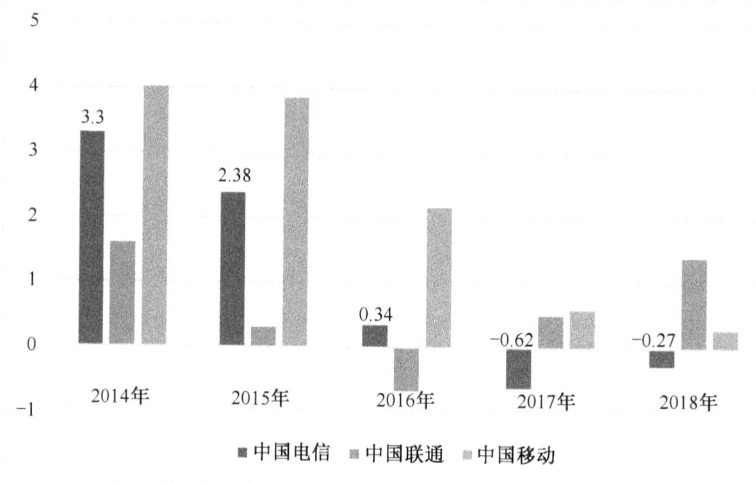

数据来源：根据三大运营商有关数据整理，2021 年。

图 11-1　2014—2018 年中国三大运营商增值税税负

分支机构超缴税额扩大，占用了企业运营资金。电信企业实行的是以省为单位的增值税汇总纳税政策，即省级电信公司（总机构）汇总计算本单位及其所属地市电信公司（分支机构）增值税应纳税额，抵减分支机构预缴税额后，向主管税务机关申报纳税。分支机构按“应预缴税额=（销售额+预收款）×预征率[1]”公式计算并缴纳预缴税额。“营改增”试点后，普遍存在应纳税额小于预缴税额问题，进而产生较大规模的超缴税额。近年来，电信企业收到税务机关退回的部分超缴增值税，且部分省份主管税务机构及时降低了原预征率（3%），但仍有部分省份维持原预征率，每月产生的超缴税额不断扩大，占用了企业运营资金。截至2019年6月底，中国电信、中国联通和中国移动超缴增值税分别为10.85亿元、6亿元和34.76亿元。

二、增值税留抵退税

实施增值税留抵退税政策，是党中央、国务院深化增值税改革，推进实质性减税的重要举措，对于推动制造业产业结构调整和转型升级具有重要意义。《2018年世界银行营商报告》中设置的税收营商环境指标体系就包括“报税后流程”指标，涉及“增值税退税填报申请所需时间”和“获得增值税退税所需时间”等次级指标，均与增值税留抵退税相关，对各国足额退还增值税留抵税款和退税及时性做出重要评价。借鉴国际经验，增值税留抵退税中进项留抵税额或结转下期抵扣，或有条件退税。前者操作简便，能够有效规避骗取退税风险，但企业税负较高；后者能减轻企业税负，提高企业资金利用率，但涉及中央与地方之间税收分配的问题。

---

1 销售额为分支机构对外（包括向电信服务及其他应税服务接受方和本总机构、分支机构外的其他电信企业）提供电信服务及其他应税服务取得的收入。预收款为分支机构以销售电信充值卡（储蓄卡）、预存话费等方式收取的预收性质的款项。预征率由各省、自治区、直辖市和计划单列市税务部门商财政部门确定，在0%～3%，各地不一。

（一）增值税留抵退税政策现状

1994 年分税制改革后，由于我国税收管理体制有待健全，制造业发展仍处于初期阶段，企业固定资产支出占比较小，进项税额相对不大，因此增值税留抵退税采取了较为简单的结转下期抵扣方式。这样既节约了税务机关的征税成本，又没有增加企业的税收负担。随着我国经济水平的不断提升和制造业发展进入高速增长时期，制造业企业更新设备和产业升级需求增加，企业在短期内产生了大量留抵税额，按照当时政策逐年抵扣，销项税额的增加幅度远不及进项税额的增加幅度，造成了国家无偿占有企业资金的现象不断增加。

在制造业企业融资成本不断提升，民营企业特别是小微企业融资尤为困难的情况下，即使留抵税额数量并不大，也会对企业产生较大影响。此外，对于初创期企业，先期投入产生巨额进项税，却没有相应的实际产出，留抵进项税长期无法抵扣，增加了企业的融资成本，降低了创业的期望收益。

结合当前制造业企业融资难、融资贵等实际问题，2018 年 6 月，财政部决定对装备制造等先进制造业、研发等现代服务业和电网企业，实行增值税期末留抵税额予以退还的政策，并于 2019 年 4 月 1 日正式试行。经过为期 5 个月的试行阶段后，综合考虑对财政和行业的实际影响，2019 年 9 月 11 日，财政部进一步完善相关政策，加大了对制造业留抵退税的推行力度。与原试行方案相比，新方案先将增量留抵税额的退还比例由 60%提升至 100%，后取消了部分先进制造业连续 6 个月增量留抵税额均大于零，且第 6 个月增量留抵税额不低于 50 万元的申报条件，如表 11-6 所示。

表 11-6　期末留抵税额退税政策汇总

发布时间	政策文件	主要内容
2018 年 6 月 27 日	财税〔2018〕70 号	为助力经济高质量发展，2018 年对部分行业增值税期末留抵税额予以退还。退还增值税期末留抵税额的行业包括装备制造等先进制造业、研发等现代服务业和电网企业。退还期末留抵税额的纳税人条件为纳税信用等级为 A 级或 B 级。退还期末留抵税额的计算要求以纳税人 2017 年年底期末留抵税额为上限，具体公式：可退还的期末留抵税额=纳税人申请退税上期的期末留抵税额×退还比例
2019 年 4 月 30 日	国家税务总局公告 2019 年第 20 号	自 2019 年 4 月 1 日起，试行增值税期末留抵税额退税制度。申请条件如下： （1）自 2019 年 4 月税款所属期起，连续 6 个月（按季纳税的，连续两个季度）增量留抵税额均大于零，且第 6 个月增量留抵税额不低于 50 万元； （2）纳税信用等级为 A 级或 B 级； （3）申请退税前 36 个月未发生骗取留抵退税、出口退税或虚开增值税专用发票情形的； （4）申请退税前 36 个月未因偷税被税务机关处罚两次及以上的； （5）自 2019 年 4 月 1 日起未享受即征即退、先征后返（退）政策的。 增量留抵税额，是指与 2019 年 3 月底相比新增加的期末留抵税额。 退还公式如下： 允许退还的增量留抵税额=增量留抵税额×进项构成比例×60%
2019 年 8 月 31 日	财税〔2019〕84 号	为进一步推进制造业高质量发展，现明确部分先进制造业纳税人退还增量留抵税额政策： （1）自 2019 年 6 月 1 日起，同时符合以下条件的部分先进制造业纳税人，可以自 2019 年 7 月以后纳税申报期向主管税务机关申请退还增量留抵税额： • 增量留抵税额大于零； • 纳税信用等级为 A 级或 B 级； • 申请退税前 36 个月未发生骗取留抵退税、出口退税或虚开增值税专用发票情形； • 自 2019 年 4 月 1 日起未享受即征即退、先征后返（退）政策。 （2）本公告所称部分先进制造业纳税人是指按照《国民经济行业分类》生产并销售非金属矿物制品、通用设备、专用设备及计算机、通信和其他电子设备销售额占全部销售额的比重超过 50%的纳税人。 （3）退还公式：允许退还的增量留抵税额=增量留抵税额×进项构成比例
2020 年 4 月 20 日	财税〔2020〕8 号	疫情防控重点保障物资生产企业可以按月向主管税务机关申请全额退还增值税增量留抵税额。 本公告所称增量留抵税额，是指与 2019 年 12 月底相比新增加的期末留抵税额。 本公告第一条、第二条所称疫情防控重点保障物资生产企业名单，由省级及以上发展改革部门、工业和信息化部门确定

续表

发布时间	政策文件	主要内容
2021 年 4 月 28 日	财税〔2021〕15 号	为进一步促进先进制造业高质量发展，现将先进制造业增值税期末留抵退税政策公告如下： （1）自 2021 年 4 月 1 日起，同时符合以下条件的先进制造业纳税人，可以自 2021 年 5 月及以后纳税申报期向主管税务机关申请退还增量留抵税额： • 增量留抵税额大于零； • 纳税信用等级为 A 级或 B 级； • 申请退税前 36 个月未发生骗取留抵退税、出口退税或虚开增值税专用发票情形； • 申请退税前 36 个月未因偷税被税务机关处罚两次及以上； • 自 2019 年 4 月 1 日起未享受即征即退、先征后返（退）政策。 （2）本公告所称先进制造业纳税人，是指按照《国民经济行业分类》，生产并销售“非金属矿物制品”“通用设备”“专用设备”“计算机、通信和其他电子设备”“医药”“化学纤维”“铁路、船舶、航空航天和其他运输设备”“电气机械和器材”“仪器仪表”，销售额占全部销售额的比重超过 50%的纳税人。 上述销售额比重根据纳税人申请退税前连续 12 个月的销售额计算确定；申请退税前经营期不满 12 个月但满 3 个月的，按照实际经营期的销售额计算确定。 （3）本公告所称增量留抵税额，是指与 2019 年 3 月 31 日相比新增加的期末留抵税额。 （4）先进制造业纳税人当期允许退还的增量留抵税额，按照以下公式计算： 允许退还的增量留抵税额=增量留抵税额×进项构成比例 （5）先进制造业纳税人按照本公告规定取得增值税留抵退税款的，不得再申请享受增值税即征即退、先征后返（退）政策

资料来源：根据有关资料整理，2021 年。

（二）增值税留抵退税政策影响分析

实施增值税留抵退税政策后，我国不同行业、不同规模的企业的受影响程度存在差异。本节通过对制造业不同行业影响差异和典型制造业企业影响差异两个维度，采用模拟测算与构建模型的方式，深度剖析期末留抵退税制度对企业税负及投融资能力方面的影响。

1. 行业影响分析

考虑到目前全国各省税务统计口径存在差异，全国留抵退税统计存在空白，数据更新较为滞后，故测算选取某省税务局2011—2015年制造业企业税收调查数据，分析期末留抵退税政策对制造业企业成本、利润与投资能力的影响。测算结果如下。

首先，留抵税额占比较高，资金闲置明显，政府无偿占用资金为企业带来较大负担。2011—2015年，某省制造业增量留抵税额与增值税额比值在30%左右，如表11-7所示。

表11-7　2011—2015年某省制造业增量留抵税额与增值税额情况

年份（年）	2011	2012	2013	2014	2015
增量留抵税额（万元）	1199	1242	1231	1304	1295
增量留抵税额与增值税额比值	31.07%	31.28%	29.16%	29.69%	28.94%

资料来源：根据有关资料整理，2021年。

其次，各行业的留抵税额存在较大差异。截至2015年年底，某省制造业企业留抵税额较大的前5位为计算机、通信和其他电子设备制造业，电气机械和器材制造业，金属制品业，通用设备制造业，铁路、船舶、航空航天和其他运输设备制造业，累计占比73.23%；而后5位占比仅为-1.75%，如表11-8所示。整体来看，留抵税额在制造业不同行业中体量差异较大。在先进制造业行业中，受固定资产购入额较大、行业研发生产周期较长等因素影响，留抵税额普遍较大。但传统产业的行业投入和产出模式较为成熟，会发生两种情况：一方面，上下游行业税率不同，会形成长期的税额积压，留抵税额普遍较大，例如农机产品制造业；另一方面，上下游行业税率一致，行业发展进入稳定期，生产周期较为固定，因此留抵税额占比较小。

表 11-8　2015 年某省制造业留抵税额分布情况（单位：万元）

排名	名称	增量留抵税额	占比	留抵税额与增值税额比值	进项构成比例	可退税额	预计可退税额
1	计算机、通信和其他电子设备制造业	470	36.25%	135.57%	61.07%	172.2	287.0
2	电气机械和器材制造业	230	17.72%	65.92%	54.86%	75.7	126.2
3	金属制品业	96	7.40%	75.35%	51.92%	29.9	49.8
4	通用设备制造业	81	6.23%	54.36%	51.61%	25.1	41.8
5	铁路、船舶、航空航天和其他运输设备制造业	73	5.63%	218.70%	51.45%	22.5	37.6
6	纺织业	54	4.15%	146.74%	51.06%	16.5	27.6
7	文教、工美、体育和娱乐用品制造业	45	3.45%	100.82%	50.88%	13.7	22.9
8	橡胶和塑料制品业	38	2.96%	21.42%	50.75%	11.6	19.3
9	专用设备制造业	34	2.65%	38.40%	50.67%	10.3	17.2
10	黑色金属冶炼和压延加工业	29	2.26%	61.75%	50.57%	8.8	14.7
11	家具制造业	26	2.00%	36.00%	50.51%	7.9	13.1
12	皮革、皮毛、羽毛及其制品和制鞋业	23	1.73%	51.66%	50.44%	7.0	11.6
13	农副食品加工业	21	1.59%	75.51%	50.40%	6.4	10.6
14	食品制造业	20	1.56%	6.30%	50.39%	6.0	10.1
15	仪器仪表制造业	17	1.35%	74.43%	50.34%	5.1	8.6
16	化学原料和化学制品制造业	17	1.30%	4.54%	50.33%	5.1	8.6
17	其他制造业	10	0.74%	6.56%	50.19%	3.0	5.0
18	有色金属冶炼和压延加工业	8	0.65%	12.43%	50.16%	2.4	4.0
19	纺织服装、服饰业	8	0.63%	7.71%	50.16%	2.4	4.0
20	造纸和纸制品业	7	0.57%	4.16%	50.14%	2.1	3.5
21	化学纤维制造业	4	0.32%	21.16%	50.08%	1.2	2.0

续表

排名	名称	增量留抵税额	占比	留抵税额与增值税额比值	进项构成比例	可退税额	预计可退税额
22	医药制造业	3	0.26%	1.04%	50.07%	0.9	1.5
23	印刷和记录媒介复制业	3	0.21%	6.17%	50.05%	0.9	1.5
24	木材加工和木、竹、藤、棕、草制品业	2	0.14%	8.68%	50.04%	0.6	1.0
25	烟草制品业	0	0.00%	0.00%	0.00%	—	—
26	金属制品、机械和设备修理业	0	0.00%	0.00%	0.00%	—	—
27	废弃资源综合利用业	-1	-0.04%	-9.05%	49.99%	—	—
28	汽车制造业	-1	-0.07%	-0.16%	49.98%	—	—
29	酒、饮料和精制茶制造业	-3	-0.20%	-1.05%	49.95%	—	—
30	非金属矿物制品业	-8	-0.63%	-2.89%	49.84%	—	—
31	石油、煤炭及其燃料加工业	-11	-0.81%	-7.81%	49.80%	—	—
合计		1295	100%	—	—	437.3	729.2
样本均值		42	—	39.17%	47.67%	18.2	30.4
标准方差		92	—	53.33%	12.90%	36.4	60.7

资料来源：根据有关资料整理，2021 年。

最后，留抵退税对企业影响较大。据某省制造业企业 2015 年税收数据测算，当退还比例为 60%时，可退税额使企业营业成本同比下降 33.7%，毛利率同比上涨 0.83%，净利率同比上涨 2.9%，经营性现金流同比上涨 34.6%；当退还比例提高至 100%时，期末留抵退税政策影响更加显著，企业营业成本同比下降 56.3%，毛利率同比上涨 1.38%，净利率同比上涨 4.8%，经营性现金流同比上涨 57.2%。可见，当退税比例提高后，企业资金压力得以释放，企业现金流更加饱满，投融资能力明显增强，如表 11-9 所示。

表 11-9　期末留抵退税制度影响测算结果

企业影响	反映指标	2015 年	减：可退税额	减：预计可退税额
企业成本	增量留抵税额（万元）	1295	857.5	565.9
	调整营业总成本（万元）	241000	240562.5	240270.9
	调整后对成本的影响	—	33.70%	56.30%
企业利润	实际毛利率	17.21%	—	—
	调整毛利率	—	17.35%	17.45%
	调整后对毛利率的影响	—	0.83%	1.38%
企业利润	实际净利率	4.94%	—	—
	调整净利率	—	5.08%	5.18%
	调整后对净利率的影响	—	2.90%	4.80%
企业现金流	增量留抵税额（万元）	1295	857.5	565.9
	调整经营性现金流（万元）	36500	-437	-729
	调整后对现金流的影响	3.55%	34.60%	57.20%

资料来源：根据有关资料整理，2021 年。

2. 典型案例分析

考虑到留抵退税的行业性差异，选取受政策影响较大的前 5 个行业中的 3 家样本公司：中国中车、京东方和泰永长征。其中，中国中车和京东方分别是发展较为成熟的大型国企与混合制民营企业，泰永长征为初创型中小微企业。

模型具体设定如下：

利息负债比（财务费用负债比）$=\beta_0+\beta_1\times$增值税留抵税额$+\beta_2\times$资产负债率$+\beta_3\times$资产利润率$+\beta_4\times$职工人数$+\beta_5\times$劳动生产率$+\beta_6\times$平均工资水平$+\delta$国企（国企=0, 1）

此模型为多元线性回归模型，其中 β_1，β_2，…，β_6 为偏回归系数，增值税留抵税额、资产负债率、资产利润率、职工人数、劳动生产率和平均工资水平为因变量，是否为国企是虚拟变量，利息负债比为自变量。

通过将现行政策引入模型作为影响因素，对企业财务指标进行测算，得出如下结论：中国中车、京东方及泰永长征的利息负债比分别下降了 3.9%、58.8%、24.4%，财务费用负债比分别下降了 3.6%、78.7%、18.1%。具体情景分析如下。

增值税留抵税额给企业带来了较重的税收负担，留抵税额的变化对企业的融资成本、投资能力有显著影响，不同行业、不同类型的企业影响并不相同。

一方面，将中国中车与京东方对标后发现，在所有制结构不同、产业环节不同的企业中，留抵退税政策影响程度存在差异。以中国中车为代表的税收抵扣链条较为完善、产业结构较为固定的大型国有企业的上下游环节税率、进销项税额相对稳定，因此留抵税额整体不高，受留抵退税政策影响较小。以京东方为代表的大型股份制、科技型企业的上下游产业涉及服务业、制造业不同环节，横向产业分布也较广泛，基于行业税率和投入产出效率的不同，税收抵扣环节更为复杂，容易产生留抵税款，因此留抵退税政策在更大程度上释放了这类企业的留抵税额，减轻了企业资金压力。但总体来看，留抵退税政策对这两类企业均产生了积极影响，企业有一定减负效果，释放了资金压力，投资能力得以提高。

另一方面，泰永长征作为初创型和中小型企业的代表，企业本身现金流不大，处于投入较高而产出较低阶段，进项税额相对较高，而销项税额增长落后于进项税额，会有一部分进项税额长期无法抵扣。在中小微企业融资难、融资贵的背景下，这部分进项税额长期闲置也造成了企业资金的浪费，留抵退税政策的实施，极大地缓解了初创型企业在运营早期的融资压力，增强了初创型企业再投资的信心。

综上，将 3 家企业对标后发现，留抵退税政策在不同程度上释放了企业的留置税金，对不同企业均产生了积极效应，改善了企业的财务状况，在降低企业资金成本、提高企业资金周转效率等方面发挥了有效作用。

第十二章

加大对制造业支撑的税收优惠政策力度

税收优惠政策是国家利用财政收支调节经济的具体手段，既能调节居民收入分配、促进社会公平，又能聚焦特定地区、行业、企业，通过成本控制手段调节产业结构，最终实现社会经济协调发展。其中，加快研发费用加计扣除、固定资产加速折旧等税收优惠政策改革步伐，更有助于改善我国制造业发展环境，挖掘企业创新活力，释放制造业企业“利润空间”，塑造我国制造业国际新优势，推动我国制造业迈向全球价值链中高端。

一、研发费用加计扣除

2019 年政府工作报告提出[1]，要强化企业技术创新主体地位，将提高研发费用加计扣除比例政策扩至所有企业，制定支持双创深入发展的政策措施。同年 5 月 15 日，国务院常务会议在确定发挥企业主体作用提高创新能力的举措中，重点提

1 李克强. 2019 年政府工作报告[J]. 中华人民共和国公报，2019.

及了完善以研发费用加计扣除为主的税收优惠政策，支持企业增加研发投入。优化研发费用加计扣除政策，使之更适应我国产业结构调整和转型升级现状，能够有效降低企业税负成本，鼓励企业加大研发投入力度，提升企业自主研发能力，实现制造业高质量发展。

（一）我国研发投入现状

根据财政部《2019 年全国科技经费投入统计公报》数据[1]，我国研发经费投入连续 4 年保持两位数增速，2019 年实现 22143.6 亿元，较 2018 年增加 2465.7 亿元，同比增长 12.5%，保持了“十三五”以来较快的增长势头。当年经费投入强度为 2.23%，连续 6 年超过 2%。按 R&D 人员全时工作量计算的人均经费为 46.1 万元，比上年增加 1.2 万元。

国际横向对比分析。自 2013 年以来，我国 R&D 经费投入一直稳居世界第二[2]。2018 年，我国 R&D 经费投入强度达到 2.28%，超过同期欧盟平均水平（2.18%）、中高等收入国家平均水平（1.8%），低于 OECD 成员国平均水平（2.58%）、高收入国家平均水平（2.6%）。与美国相比，我国研发支出规模从 2010 年仅为美国研发支出的 46.7%，提升至 2019 年为美国同期支出的 84%。

国内不同行业分析。科技部官方统计显示，我国企业研发费用支出呈逐年增长趋势，在铁路、船舶、航空航天和其他运输设备制造业，仪器仪表制造业，专用设备制造业，医药制造业，通用设备制造业，计算机、通信和其他电子设备制造业，电气机械和器材制造业，汽车制造业等 8 个领域成效显著，研发投入强度分别为 3.81%、3.16%、2.64%、2.55%、2.15%、2.15%、2.15%、1.6%。从制造业

1 国家统计局，科学技术部，财政部. 2019 年全国科技经费投入统计公报[N]. 中国信息报，2020-08-28（2）.

2 李婕. 研发投入助力发展新动能[N]. 人民日报海外版，2019-09-02.

研发支出布局看，计算机、通信和其他电子设备制造业，电气机械和器材制造业，汽车制造业，化学原料和化学制品制造业，黑色金属冶炼和压延加工业，通用设备制造业，专用设备制造业，医药制造业研发支出分别占制造业研发支出总额的18.1%、10.4%、9.5%、6.8%、6.5%、6.1%、5.7%、4.5%。可见，我国已形成以制造业为主导的研发投入格局，注重高端技术和装备领域投入，如计算机、通信和其他电子设备制造业，电气机械和器材制造业，汽车制造业占总支出比重的前 3 位，是我国推动制造业高质量发展的核心产业。

国内企业研发支出分析。企业已成为社会研发经费增长的主要拉动力量。2019年，我国各类企业经费支出 16921.8 亿元，同比增长 11.1%。企业、政府研究机构、高等学校经费支出占全社会研发经费比重分别为 76.4%、13.9%和 8.1%。根据统计调查数据，2019 年，规模以上企业研发费用加计扣除减免税政策和高新技术企业减免税政策的惠及面分别达到了 66.0%和 56.2%；企业对这两项政策的认可度分别达到了 87.1%和 88.9%，同比均有所提高。

我国在经济下行压力较大的情况下，科技研发投入仍保持良好增势，既体现了我国企业创新发展需求的紧迫性，也为我国社会和经济高质量发展积蓄了动力。但是，我国经费投入依旧存在强度相对较弱、结构失衡等长期问题。例如，我国 R&D 经费投入强度与美国、日本、韩国等科技发达国家的 R&D 经费投入强度存在一定差距，经费来源中政府资金占比有待提升、基础研究投入不够等，最终导致我国在科技领域难以掌握核心技术，产业链供应链受制于人，容易遭受“卡脖子”风险。因此，为提升我国经费投入的有效性和针对性，可充分利用研发加计扣除政策的专属性鼓励市场主体积极布局产品技术研发，提高基础研究投入。

（二）研发费用加计扣除政策沿革

研发费用加计扣除是国际上普遍实施的，通过降低企业所得税税基方式，降低企业税负的税收优惠手段。简单来说，研发费用加计扣除政策通过设置扣除额，用于市场主体抵扣部分所得税，扣除额由企业研发费用乘一定比例得出。自 1994 年分税制改革后，我国积极探索实施研发费用加计扣除政策，实现政策从国有企业扩大至集体企业，进一步惠及中小规模企业，以及从部分行业试点扩大至全行业的漫长过程，具体可分为以下三个阶段。

政策初步实施至试行扩大阶段（1996—2007 年）。1996 年，为了推进经济增长方式转变，提高国内企业生产效益，我国首次实施企业研发费用加计扣除政策，将国有、集体工业企业投入研发新产品、新技术、新工艺的各项费用，**按实际发生额的 50%抵扣应税所得额**[1]。2003 年，为了适应社会主义市场经济发展步伐，鼓励企业加大研发、科技投入力度，将享受研发费用加计扣除的主体从“国有、集体工业企业”扩大至“所有财务核算制度健全，实行查账征收企业所得税的各种所有制的工业企业[2]”。2006 年，享受研发费用加计扣除的主体扩大至“财务核算制度健全、实行查账征税的内外资企业、科研机构、大专院校等”。

政策系统化和体系化实施阶段（2008—2013 年）。2008 年，《中华人民共和国企业所得税法》**将研发费用加计扣除优惠政策以法律形式予以确认**。此外，《企业研究开发费用税前扣除管理办法（试行）》（国税发〔2008〕116 号）同步出台，系统而详细地规定了研发费用加计扣除有关事项，明确新旧税法衔接问题，“企业技术开发费加计扣除部分已形成企业年度亏损，可以用以后年度所得弥补，但结转年限最长不得超过 5 年”。2013 年，国家决定在中关村、东湖、张江三个国家自主创新示范区和合芜蚌自主创新综合试验区开展扩大研究开发费用加计扣除范围政策试点。同年 9 月，基于中关村国家自主创新示范区试点经验，财政部、

1 财政部、国家税务总局关于促进企业技术进步有关财务税收问题的规定[J]. 内江科技，1996（4）：4-5.

2 财政部、国家税务总局关于扩大企业技术开发费加计扣除政策适用范围的通知[J]. 中华人民共和国财政部文告，2003（22）：13-14.

国家税务总局发布《关于研究开发费用税前加计扣除有关政策问题的通知》（财税〔2013〕70 号），将试点政策推广至全国[1]。

政策成熟化和规范化阶段（2014 年至今）。2015 年，财政部、国家税务总局和科技部联合下发《关于完善研究开发费用税前加计扣除政策的通知》（财税〔2015〕119 号），放宽享受优惠的企业研发活动及研发费用的范围；首次明确负面清单制度；通过简化研发费用归集、核算及备案管理等税务处理为企业享受优惠提供更为便利的条件等。2017 年 5 月，为推动科技型中小企业加大研发费用投入，财政部、国家税务总局、科技部联合印发了《关于提高科技型中小企业研究开发费用税前加计扣除比例的通知》（财税〔2017〕34 号），**将科技型中小企业享受研发费用加计扣除比例由 50%提高到 75%。**同年 11 月，国家税务总局下发的《国家税务总局关于研发费用税前加计扣除归集范围有关问题的公告》（国家税务总局公告 2017 年第 40 号）聚焦研发费用归集范围，明确了部分研发费用掌握口径。2018 年，《财政部 税务总局 科技部关于企业委托境外研究开发费用税前加计扣除有关政策问题的通知》（财税〔2018〕64 号）规定，自 2018 年 1 月 1 日起，**委托境外机构进行研发活动所发生的费用，按照费用实际发生额的 80% 计入委托方的委托境外研发费用。**委托境外研发费用不超过境内符合条件的研发费用三分之二的部分，可按规定在企业所得税前加计扣除[2]。2021 年 3 月，财政部、税务总局出台《关于进一步完善研发费用税前加计扣除政策的公告》，制造业企业在开展研发活动时实际发生的研发费用，未形成无形资产计入当期损益的，自 2021 年 1 月 1 日起，按照实际发生额的 100%在税前加计扣除；形成无形资产的，自 2021 年 1 月 1 日起，按照无形资产成本的 200%在税前摊销[3]，如表 12-1 所示。

---

1 郭美丽. 论企业研发费用加计扣除之现状[J]. 知识经济，2018（20）：72-73.

2 于芳芳. 享受研发费用加计扣除政策需关注的几个问题[J]. 中国税务，2019（6）:48-51.

3 樊其国. 容易混淆的支出类税务专业术语解析[J]. 税收征纳，2019（11）：28-30.

表 12-1　研发费用加计扣除税收优惠政策的历史沿革

政策阶段	政策名称	政策内容
政策初步实施至试行扩大阶段（1996—2007 年）	《财政部、国家税务总局关于促进企业技术进步有关财务税收问题的通知》（财工字〔1996〕41 号）	国有、集体工业企业研究开发新产品、新技术、新工艺所发生的各项费用，增长幅度在 10%以上的，经主管税务机关审核批准，可再按实际发生额的 50%扣除应税所得额
	《财政部、国家税务总局关于扩大企业技术开发费加计扣除政策适用范围的通知》（财税〔2003〕244 号）	将享受研发费用加计扣除的主体从国有、集体工业企业扩大至所有财务核算制度健全、实行查账征收所得税的各种所有制工业企业
	《财政部、国家税务总局关于企业技术创新有关企业所得税优惠政策的通知》（财税〔2006〕88 号）	在工业企业的基础上，扩大至财务核算制度健全、实行查账征税的内外资企业、科研机构和大专院校等
政策系统化和体系化实施阶段（2008—2013 年）	《中华人民共和国企业所得税法》（主席令第 63 号）	将研发费用加计扣除优惠政策以法律形式予以确认
	《企业研究开发费用税前扣除管理办法（试行）》（国税发〔2008〕116 号）	明确新旧税法衔接问题："企业技术开发费用加计扣除部分已形成企业年度亏损，可以用于以后年度所得弥补，但结转年限最长不得超过 5 年"
	《关于研究开发费用税前加计扣除有关政策问题的通知》（财税〔2013〕70 号）	在总结中关村国家自主创新示范区试点经验的基础上，将扩大研发费用加计扣除范围试点政策推广到全国
政策成熟化和规范化阶段（2014 年至今）	《关于完善研究开发费用税前加计扣除政策的通知》（财税〔2015〕119 号）	放宽了研发费用的范围，大幅度减小了研发费用加计扣除口径与高新技术企业认定研发费用归集口径的差异，并首次明确了负面清单制度
	《国家税务总局关于企业研发费用加计扣除政策有关问题的公告》（国家税务总局 2015 年第 97 号）	通过简化研发费用归集、核算及备案管理等税务处理为企业享受优惠提供更为便利的条件
	《关于提高科技型中小企业研究开发费用税前加计扣除比例的通知》（财税〔2017〕34 号）	将科技型中小企业享受研发费用加计扣除比例由 50%提高到 75%
	《科技部、财政部、国家税务总局关于印发〈科技型中小企业评价办法〉的通知》（国科发政〔2017〕115 号）	明确了科技型中小企业评价标准和程序
	《财政部 税务总局 科技部关于企业委托境外研究开发费用税前加计扣除有关政策问题的通知》（财税〔2018〕64 号）	自 2018 年 1 月 1 日起，委托境外机构进行研发活动所发生的费用，按照费用实际发生额的 80% 计入委托方的委托境外研发费用。委托境外研发费用不超过境内符合条件的研发费用的三分之二，可以按规定在企业所得税前加计扣除

续表

政策阶段	政策名称	政策内容
政策成熟化和规范化阶段（2014 年至今）	《财政部 税务总局关于进一步完善研发费用税前加计扣除政策的公告》（财政部 税务总局公告 2021 年第 13 号）	制造业企业在开展研发活动时实际发生的研发费用，未形成无形资产计入当期损益的，自 2021 年 1 月 1 日起，按照实际发生额的 100%在税前加计扣除；形成无形资产的，自 2021 年 1 月 1 日起，按照无形资产成本的 200%在税前摊销

资料来源：根据有关资料整理，2021 年。

整体上，我国研发费用加计扣除政策实施的三个阶段中，为了提高政策适用性，增强政策对企业的税收优惠效应，主要进行了 4 个方面的调整[1]。

一是不断放宽政策适用条件。最初研发费用加计扣除政策，要求享受优惠的研发活动必须符合《国家重点支持的高新技术领域》和《当期优先发展的高技术产业化重点领域指南》两个目录范围，调整后，参照国际通行做法，除规定不适用加计扣除的行业外，其余行业发生的研发活动均可作为加计扣除的研发活动纳入优惠范围。在操作上及政策清晰度方面，由原来的正向列举变成了负面清单，只要不在排除范围之列，都可以实行加计扣除。

二是进一步扩大研发费用扣除范围。除原有允许加计扣除的费用外，现行政策将外聘研发人员劳务费、试制产品检验费、专家咨询费、高新科技研发保险费及与研发直接相关的差旅费、会议费等纳入研发费用加计扣除范围，同时也放宽了仪器、设备、无形资产等专门用于研发活动的限制。

三是将创意设计活动纳入扣除范围。为落实《国务院关于推进文化创意和设计服务与相关产业融合发展的若干意见》（国发〔2014〕10 号）的规定精神，财税〔2015〕119 号文件中明确，企业为获得创新性、创意性、突破性的产品进行创意设计活动而发生的相关费用可以加计扣除，以及创意设计活动的具体范围。

四是简化审核程序提升办税效率。企业过去享受加计扣除优惠必须在年度申报时向税务机关提供全部有效证明，在税务机关对企业申报的研发项目有异议时，

1 国家税务总局. 研发费用加计扣除政策执行指引第 1.0 版. 2018.

应由企业提供科技部门的鉴定意见。调整后的程序将企业享受加计扣除优惠政策简化为事后备案管理，申报即可享受，有关资料由企业留存备查即可。另外，在争议解决机制上也进行了调整，若税务机关对研发项目有异议，不再是由企业找科技部门进行鉴定，而是由税务机关转请科技部门提供鉴定意见，使企业享受优惠政策的通道更加便捷高效。

（三）存在的问题

对企业研发活动认定标准难以把控。研发费用加计扣除政策属于税收优惠政策，由税务部门对相关标准进行审核认定，易造成企业实际生产和资质认定脱节。税务工作人员对研发过程中的技术、工艺、产品等方面的价值难以认定、成果难以鉴别，也不易把控“常规性升级”和“公开的科技成果直接应用”等标准的判定，加之新的商业模式和经营方式不断涌现，更加提高税务部门的认定难度。

对研发费用的归集专业性要求过高。当前政策对研发项目的认定不够清晰，研发费用归集复杂。新政策取消了研发费用专账管理，但仍要按研发项目实行辅助账。企业研发费用的归集对会计人员的专业素质要求较高，不仅要熟悉和掌握研发活动全程，还要了解政策对研发费用的归集要求[1]。财务人员大多对研发活动不熟悉，研发人员不懂财务，导致费用归集容易出错。

委托研发费用真实性难以核实。在对企业委托外单位进行研发的相关费用支出认定时，对受托方提供资料真实性的审查方面存在障碍，尤其对于异地委托的企业来说，本地税务部门无法有效核查其资质的真实性。另外，由于目前税务部门联网建设不畅等问题，可能存在委托方和受托方同时就同一个事项多次申报，导致研发费用加计扣除重复使用，造成国家税款浪费。

1 戴少文. 企业研发费加计扣除优惠政策实施中存在的问题及改进对策研究[D]. 武汉：华中师范大学，2017.

区域落实效果不均衡。我国研发费用加计扣除政策的落实效果与各地区的经济发展水平相一致，经济发展水平越高，地区就越能享受到政策福利，这就造成我国东部地区的研发费用加计扣除减免税额高，西部地区偏低。政策落实不均衡，制约了中西部地区制造企业的技术创新活动，也进一步加剧了东西部地区科技资源配置不均衡，使地区创新能力和制造水平的差距加大。

二、固定资产加速折旧

固定资产加速折旧政策，是党中央、国务院为解决制造业投入能力不足、内部资金紧张、外部融资成本高等问题，鼓励培育先进制造业企业迅速发展的重大举措。这对于推动制造业产业结构调整和转型升级，促进制造业高质量发展具有重大意义。

（一）固定资产加速折旧历史沿革

固定资产加速折旧是政府为鼓励特定行业或部门投资，允许纳税人在固定资产使用初期提取较多折旧，提前收回投资。这种前期提取较多折旧而后期折旧数额减少的方式，有助于减轻企业投资初期的税收负担，总体税负水平不变，但能延迟纳税，改善企业现金流，调动企业提高设备收入、更新改造和科技创新的积极性。

2019 年 4 月 23 日，财政部、国家税务总局发布公告，为了支持制造业加快技术改造和设备更新，**将规定固定资产加速折旧优惠的行业范围，扩大至全部制造业领域。**我国多次调整固定资产加速折旧的判定条件、优惠方式及适用范围等相关政策，从最初只允许少数企业报请税务部分审批，到之后允许符合一定条件的企业自主选择加速折旧的方法，再到优惠行业的不断扩围及优惠力度的不断加大，我国固定资产加速折旧政策逐步走向科学化、规范化、制度化，如表 12-2 所示。

表 12-2　固定资产加速折旧税收优惠政策历史沿革

发展阶段	政策特征	文件名称	政策概括
1985—1993 年	仅限于合营企业特殊需要	《中外合资经营会计制度》（财会〔1985〕16 号）	合营企业由于特殊原因需要加速折旧和改变折旧计算方法的，应由企业提出申请，报经税务机关审核批准
1994—2002 年	享受范围逐步扩大	《财政部 国家税务总局关于印发〈企业所得税若干政策问题的规定〉的通知》（财税字〔1994〕009 号）	极少数城镇集体企业和乡镇企业由于特殊原因需要缩短折旧年限的，可由企业提出申请，报省、自治区、直辖市一级地方税务局商财政厅（局）同意后确定
		《财政部、国家税务总局关于促进企业技术进步有关财务税收问题的通知》（财工字〔1996〕41 号）	电子生产企业、船舶工业企业、生产“母机”的机械企业、飞机制造企业、汽车制造企业、化工生产企业、医药生产企业和经财政部批准的企业，其机器设备可以根据技术改造规划和承受能力，在法规的折旧年限区间内，选择较短的折旧年限
		《国家税务总局关于印发〈企业所得税税前扣除办法〉的通知》（国税发〔2000〕84 号）	促进科技进步、环境保护和国家鼓励投资的关键设备，以及常年处于震动、超强度使用或受酸、碱等强烈腐蚀状态的机器设备，确需缩短折旧年限或采取加速折旧方法的，由纳税人提出申请，经当地主管税务机关审核后，逐级报国家税务总局批准
2003—2013 年	优惠范围进一步扩大，折旧方法和限制不断细化	《国家税务总局关于下放管理的固定资产加速折旧审批项目后续管理工作的通知》（国税发〔2003〕113 号）	允许证券公司电子类设备、集成电路生产企业的生产性设备、外购的达到固定资产标准或构成无形资产的软件进行加速折旧。不允许缩短折旧年限，需采用余额递减法或年数总和法
		《中华人民共和国企业所得税法》（2007 年公布）	明确企业的固定资产由于技术进步等原因，确需加速折旧的，可以缩短折旧年限或采取加速折旧的办法
		《中华人民共和国企业所得税法实施条例》（2007 年公布）	明确采取缩短折旧年限或采取加速折旧方法的固定资产，包括由于技术进步、产品更新换代较快及常年处于强震动、高腐蚀状态的固定资产
		《国家税务总局关于企业固定资产加速折旧所得税处理有关问题的通知》（国税发〔2009〕81 号）	进一步限定了可以采用加速折旧法的固定资产范围，即企业拥有并用于生产经营的主要或关键的固定资产

续表

发展阶段	政策特征	文件名称	政策概括
2003—2013 年	优惠范围进一步扩大，折旧方法和限制不断细化	《财政部 国家税务总局关于进一步鼓励软件产业和集成电路产业发展企业所得税政策的通知》（财税〔2012〕27 号）	企业外购的软件，凡符合条件的可按照固定资产或无形资产进行核算，其折旧或摊销年限可以适当缩短；集成电路生产企业的生产设备，其折旧年限可以适当缩短
2014—2018 年	范围渐次扩大且政策逐步科学化、体系化	《财政部 国家税务总局〈关于完善固定资产加速折旧企业所得税政策的通知〉》（财税〔2014〕75 号）	就生物药品制造业，专用设备制造业，铁路、船舶、航空航天和其他电子设备制造业，计算机、通信和其他电子设备制造业，仪器仪表制造业，信息传输、软件和信息技术服务业等 6 个行业企业在 2014 年新购进的固定资产及所有行业企业用于研发活动的仪器设备等进行了加速折旧的新规定[1]
		《财政部 国家税务总局〈关于进一步完善固定资产加速折旧企业所得税政策的通知〉》（财税〔2015〕106 号）	对轻工、纺织、机械、汽车等 4 个领域重点行业的企业在 2015 年 1 月 1 日后新购进的固定资产，可由企业选择缩短折旧年限或采取加速折旧的方法
2019 年至今	范围再次扩大，覆盖全部制造业领域	《财政部 国家税务总局〈关于扩大固定资产加速折旧优惠政策适用范围的公告〉》（财税〔2019〕66 号）	适用财税〔2014〕75 号与财政〔2015〕106 号规定，固定资产加速折旧优惠的行业范围，扩大至全部制造业领域

资料来源：根据有关资料整理，2021 年。

固定资产加速折旧税收优惠政策分为一次性扣除与缩短折旧年限两种方式，前期对部分行业进行了优惠试点，取得一定成效后，优惠力度推广至全部制造业，如表 12-3 所示。

表 12-3 固定资产加速折旧税收优惠政策内容

企业类别	一次性扣除	缩短折旧年限
6 大行业企业	企业持有的单位价值不超过 5000 元的固定资产；小微企业在 2014 年 1 月 1 日后新购进的研发和生产经营公用的单位价值不超过 100 万元的仪器设备	企业在 2014 年 1 月 1 日后新购进的固定资产可选择缩短折旧年限或采用双倍余额递减法、年数总和法加速折旧[2]

1 王中帆，侯赛英，程锦，等. 关于固定资产加速折旧政策的效应分析——以北京市西城区国家税务局为例[J]. 国际税收，2016（12）：58-61.

2 刘钰莹，钟骏华. 论《小企业会计准则》在纳税方面的变化及影响[J]. 中小企业管理与科技（下旬刊），2015（2）：83-84.

续表

企业类别	一次性扣除	缩短折旧年限或加速折旧
4 大重点行业企业	企业持有的单位价值不超过 5000 元的固定资产；小微企业在 2015 年 1 月 1 日后新购进的研发和生产经营公用的单位价值不超过 100 万元的仪器设备	企业在 2015 年 1 月 1 日后新购进的固定资产（包括自建）可选择缩短折旧年限或采用双倍余额递减法、年数总和法加速折旧
其他行业企业	企业持有的单位价值不超过 5000 元的固定资产；企业在 2014 年 1 月 1 日后新购进的专门用于研发的单位价值不超过 100 万元的仪器设备	2014 年 1 月 1 日后新购进的专门用于研发的单位价值超过 100 万元的仪器设备可选择缩短折旧年限或采用双倍余额递减法、年数总和法加速折旧
制造业全行业	企业持有的单位价值不超过 5000 元的固定资产；小微企业 2019 年 1 月 1 日后新购进的研发和生产经营公用的单位价值不超过 100 万元的仪器设备，其他企业在 2019 年 1 月 1 日后新购进的专门用于研发的单位价值不超过 100 万元的仪器设备	2019 年 1 月 1 日后新购进的专门用于研发的单位价值超过 100 万元的仪器设备可选择缩短折旧年限或采用双倍余额递减法、年数总和法加速折旧

资料来源：根据有关资料整理，2021 年。

（二）存在的问题

优惠力度不够，政策吸引力有限。一方面，固定资产加速折旧实质上只是时间性差异递延纳税，缴税总量没有发生变化：前期税收比会计多提取折旧，要进行纳税调减；后期税收比会计少提取折旧，要进行纳税调增。**企业没有少缴税，只是占用一段时间的国家无息贷款，不如税款减免、抵免的吸引力大。**甚至对部分特定企业而言，加速折旧还可能给其税收利益带来负面影响，如亏损企业和享受定期减免税的企业[1]。另一方面，相较缩短折旧年限或加速折旧方式，企业更青睐一次性扣除。基于河北省 2014—2015 年税收数据样本：2014 年享受固定资产加速折旧新政策的企业中，享受单位价值 5000 元以下固定资产一次性扣除类优惠的企业数占 95.3%，减免当期企业所得税额占全部减免企业所得税 78.6%；2015 年第一季度，全省享受单位价值 5000 元以下固定资产一次性扣除类优惠的企业数

1 韩建英. 对固定资产加速折旧企业所得税新政效应的调研[J]. 税务研究，2015（12）：86-90.

占 91.4%，减免当期企业所得税额占全部减免企业所得税 71.57%。**一次性扣除优惠因操作相对简单、标准明确，更易于为企业接受，政策普及面也更广。**

企业涉税风险大，即时间性差异跨度大，企业后续管理存在风险。一方面，在采取加速折旧政策时，前期税收比会计多提取折旧，要进行纳税调减；后期税收比会计少提取折旧，要进行纳税调增。企业享受固定资产加速折旧而形成的税会存在时间性差异，需要在多个汇算清缴年度内进行调整，影响的时间跨度大，管理上存在难度。固定资产加速折旧政策明确要求企业管理好相关凭证，并建立台账，准确核算。但对于固定资产种类多、数量大的企业而言，确实存在遗忘调整或遗漏调整的涉税风险。另一方面，企业季度申报的《固定资产加速折旧（扣除）明细表》填列方法、口径、逻辑关系较为复杂，容易出现理解上的歧义和填写申报错误，产生涉税风险。

税务机关监管难度大。一是申报手续过于简单。目前，固定资产加速折旧无须备案、申报即可享受，甚至不需要税务机关事前审批，由企业总机构在预缴和汇算清缴时统一申报即可享受，各分支机构不需单独申报。此外，享受优惠的企业仅需按规定准备有关凭证留存备查，由总机构所在地主管税务机关进行事后管理，无形中加大了管理难度。二是脱节现象严重。一方面，企业的分支机构购入固定资产，取得票据、凭证，但由总机构汇总享受优惠，使得实物、原始凭证与备查主体脱节，给企业管理增加难度。另一方面，总机构主管税务机关在后续管理中可以核查企业分支机构享受了加速折旧政策的固定资产对应的票据、凭证，但对分支机构拥有的固定资产实物无法进行实地审核，同时也无法核对原始票据，造成管理脱节。

第十三章

加大对制造业支撑的政府采购力度

随着政府采购政策及机制设计的快速发展，政府采购规模的扩大和采购产品的多样化使得采购逐渐成为国家实施财政政策的重要手段之一，政府作为促进制造业发展的重要角色，利用政府采购促进制造业高质量发展成为我国采购事业的重要发展内容。

一、我国政府采购支持制造业的发展情况

（一）我国政府采购大力促进制造业发展

我国政府采购在短短20多年的时间里，走过了发达国家政府采购制度200多年走过的历程。从制度构建，到落地实施，再到效果显现，都得到了飞速发展，其对经济社会的影响也越来越大。2019年全国政府采购规模为33067.0亿元，较上年减少2794.4亿元，下降7.8%，占全国财政支出和GDP的比重分别为10.0%

和 3.3%。尽管我国政府采购的规模相比过去有了很大的提升，但是还远低于大多数国家 10%—15%的比例。经济合作与发展组织（OECD）成员国的政府采购平均占 GDP 的 12%—13%，而欧盟估计其成员国的政府采购占 GDP 的 16%。由此可见，我国的政府采购还有较大的提升空间。

长期以来，各国为实现制造业创新发展往往会采取政府采购这个重要手段。例如，美国就利用优先采购实现了芯片制造、计算机、飞机等相关产业的发展。近年来我国也意识到政府采购的重要作用并针对我国政府采购领域改善营商环境，以此举措持续推进我国制造业发展。在中央国家机关政府采购中心于 2018 年 8 月公布的 2018—2019 年中央国家机关信息类产品协议采购项目的中标结果中，有近 16 款搭载龙芯处理器的桌面计算机/服务器产品。2019 年 3 月，财政部根据“放管服”改革要求针对绿色采购出台相关通知。该通知旨在简化政府绿色采购执行机制，针对政府绿色采购产品实施品目清单管理，完善政府绿色采购政策。上述政府绿色采购政策的实施，在很大程度上激励制造业企业选择将更多资金用于新产品与绿色产品研发，进而促进我国制造业企业创新能力的提升。

（二）我国政府采购支持制造业发展存在的不足

当前我国正加大力度推动政府采购举措以支持制造业发展并取得显著成效，但我国利用政府采购政策促进制造业发展还存在以下不足之处。

支持技术创新的政府采购政策严重缺失。我国之前确立的政府采购支持企业技术创新政策体系的核心是由科技部门认定自主创新产品目录。以美国为首的发达国家担心本国企业被排除在我国巨大的政府采购市场之外，频频向我国施压，反对我国以产品目录的形式支持自主创新。自 2011 年 7 月起，我国开始停止实施执行财政部颁布的《自主创新产品政府采购预算管理办法》《自主创新产品政府采购评审办法》《自主创新产品政府采购合同管理办法》等 3 个文件，各地也废止了地方性自主创新产品目录。至此，我国政府采购支持企业创新基本处于无政策可依的尴尬境地。

另外，没有形成与政府采购政策相配套的标准、认证制度和评价体系。比如，针对政府采购涉及的各类行业或产品，亟须开发一套与我国绿色制造标准体系相衔接的政府采购评价体系，既能体现公允性，又能在数据获取上具有可行性、在实施上具有可操作性。

政府采购对中小企业的支持力度不够。政府采购作为政府财政支出的重要部分，其产品购买的来源及资金的流向对我国的经济结构及中小企业的发展具有重要影响作用。一定程度的采购订单，对于中小企业的发展壮大及其产品结构升级和更新换代具有强有力的促进作用。通过鼓励和支持中小企业参与政府采购活动，一方面可以使中小企业与其他企业同台竞技，在竞争中不断提升自己的产品质量和技术水平；另一方面可以使中小企业获得资金上的支持。然而，我国政府采购对于中小企业科技创新和发展的实质性支持并不大。生产制造类中小企业中标比例低，名义上政府采购合同绝大多数被授予中小企业，但这些中标成交企业多数只是其他知名品牌产品的代理销售商，导致中标的实际赢家是大型企业，这意味着政府采购政策的开展实际上并未有效促进中小制造业企业的发展。

支持产业发展的绿色采购政策缺位。近几年我国政府采购向绿色制造业倾斜，大力实行绿色采购，但是绿色采购方面的法律却相当匮乏。首先，相对于发达国家而言，我国的政府绿色采购制度起步较晚，尽管初步建立起绿色采购制度框架，但《中华人民共和国政府采购法》（简称《政府采购法》）没有对绿色采购进行说明，也没有单独且规范的绿色采购条例。例如，美国的《政府采购法》中针对政府绿色采购做出了明确规定，以联邦法令与总统行政命令作为政府绿色采购法律体系的核心内容；日本早在 1994 年便制定实施了绿色政府行动计划，并在 2000 年正式颁布《绿色采购法》；欧盟在 2008 年确定政府绿色采购目标，并于 2011

年修订了《政府绿色采购手册》[1]。其次，目前政府采购扶持节能环保产品的政策缺乏执行细则。尽管 2004 年出台的《节能产品政府采购实施意见》与 2006 年颁布的《关于环境标志产品政府采购实施的意见》对绿色产品采购提出相关意见，但是两份意见均未明确规定政府采购节能产品与环境标志产品的占比，也未规定相关产品的具体采购程序。政府绿色采购执行细则的缺乏使得相关政府绿色采购政策难以落地，执行效果不佳。

此外，为深入实施绿色制造工程，我国绿色制造体系建设步伐加快，目前行业主管部门已经推出了两批绿色制造示范名单。未来将会在综合基础、绿色产品、绿色工厂、绿色企业、绿色园区、绿色供应链和绿色评价与服务等 7 个领域建立明确的绿色制造标准体系，推出更多绿色制造示范名单。而我国绿色政府采购政策仅限于节能产品和环境标志性产品，局限在绿色产品的领域，没有深入供应商企业内部进行能耗、生产过程及减排等方面的监测。为了加快我国传统制造业向绿色制造转变的步伐，有必要研究推出与现行绿色制造标准体系相适应的政府采购政策，政府采购的范围不应局限于以往政府对最终产品的绿色标准和要求，而应覆盖产品全生命周期，包括供应商的物料选择、能源消耗、生产流程及节能减排工程等多个方面。

现行政府采购政策涉及的采购规模较小。按照《政府采购法》的规定，我国的政府采购活动是各级国家机关、事业单位和团体组织，使用财政性资金，对集中采购目录以内的或采购限额标准以上的采购。国企采购、公立医院采购、军事采购、援外采购、紧急采购、涉及国家安全和秘密的采购、PPP 项目采购等均未涵盖在内。节能产品和环境标志产品政府采购清单针对目前政府采购产品，主要包括单位运营所需的终端消费产品，而不涉及生产设备，范围较小。

1 吕汉阳. 探讨完善国家绿色政府采购制度[J]. 中国招标，2018（12）：22-24.

二、政府采购对国产化的支持分析

（一）政府采购国内产品促进制造业高质量发展

随着经济社会的高速发展，我国政府逐步重视通过政府采购国内产品促进制造业高质量发展。2016 年，为了解决我国制造业大而不强、自主创新能力弱、生产方式粗放等多方面问题，国家发展改革委、工业和信息化部发布《关于实施制造业升级改造重大工程包的通知》，以加快制造强国建设，促进实现制造业转型升级。通知中明确规定十大重点工程，通过建立专项资金与投资基金等方式支持重点工程项目建设，鼓励社会资本共同参与重大工程建设，形成高效的“产学研用”平台，聚焦实现制造业的高端化、智能化、绿色化、服务化，力争提升企业自主创新能力、资源能源利用效率、制造业企业的发展水平。树立“政府买国货”理念，以实际的政府购买行为激励企业生产创新产品，并综合财政、税收、金融等方面的政策鼓励企业开展创新活动，向市场提供创新产品[1]。

总体而言，实现政府采购的国产化，更有利于我国国内的产业转型服务。从长期来看，政府采购国产化对于中国经济有利好作用，可以鼓励中国企业快速成长，生产技术更加纯熟，产品更有竞争力；但是，短期内可能存在阵痛，比如会导致外界对中国企业产品产生发展速度过快的误解，从而阻碍中国加入政府采购协议（GPA）的进程。当然政府采购不可能全部国产化，否则就谈不上开放。而且，积极地与国际采购市场对接是大的国际趋势，这需要在今后的 GPA 谈判过程中不断权衡博弈。

---

1 政府加大制造业支持力度 采购监管不可缺位[J]. 中国政府采购，2016（6）：5.

（二）政府采购扶持制造业的政策效果直接显著

生产要素是企业发展的重要资源，政府采购是配置资源的有效手段。政府可以使用采购的方式，实现生产要素的再配置，合理调配规模不同企业间的资源。在市场经济体制下，资源配置以市场规律为指引，市场通过对资源在各个参与主体间的分配调整，依靠供求关系对生产要素进行分配。然而，经济下行叠加新冠肺炎疫情的暴发，经济停摆，生产延误，市场处于失灵状态，许多企业受到严重的冲击，面临资金链断裂的风险，如果只是依靠市场进行自我修复，难以在短时间内使经济恢复正常。此时，政府通常会采取宽松的货币政策、财政政策及减税降费等措施对冲经济危机，但是货币政策和财政政策都需要通过一定的传导机制影响经济，而且具有一定的时滞性，作用效果多元化。

相对而言，政府采购对经济的影响效果更为直接显著。由于政府采购不仅是采购的过程，也是实现财政支出的过程，因此可以通过倍数效应影响社会总需求。当前许多企业面临营收下滑、资金链断裂的风险，通过加大政府采购力度可以直接显著地增加企业收入，让企业得以续存，这也是积极有效的逆周期调控政策。

同时，政府采购扶持制造业的目标方向极具针对性，比如在疫情发生时，通过绿色采购通道，大量采购医药、口罩、防护服及各种医疗器械，满足应对疫情的需求，激发医疗相关企业产能效率；在疫情缓和后，复工复产时，通过加大对消费品的采购、工程项目的建设力度等帮助企业尽快恢复生产，保护产业链。

（三）地方政府采购支持制造业发展的典型案例

浙江台州市财政局牢牢抓住财政部试点的政府采购云平台（简称“政采云”）

在全国十一个省份推广应用的契机，以数字化转型为抓手，积极探索“互联网+政府采购”落实支持创新、绿色等政策功能的运用，重点打造了台州“精品馆”和“农业（扶贫）馆”，主动担当起支持创业创新、消费扶贫等一系列政府采购政策功能的使命，走出“互联网+政府采购+制造精品”和“互联网+政府采购+对口扶贫”的新路子，为台州市制造业发展和对口扶贫工作提供了新的平台，激发了新的活力。

以助推台州制造产业抢占全国政府采购市场先机为导向，台州“精品馆”重点围绕泵与电机、医药医化、智能马桶、缝制设备等 7 大千亿元产业，通过“政采云”平台面向全国政府采购单位宣传、推介台州制造精品，有效实施台州制造“走出去”、资金“流进来”战略，并以此激发企业创新活力、发展潜力和转型动力。

2020 年 1 月 20 日，上海市第十五届人民代表大会通过《上海市推进科技创新中心建设条例》，并于同年 5 月 1 日起正式施行。有了原创性的科研成果，能否顺利转化为生产力，这是对上海创新策源能力的一大考验。其中，条例第二章第十二条指出，为了支持企业的科技创新活动，上海市、区政府及其有关部门应当采取多种创新激励方式，主要是提供研发资助的直接补贴方式，以及包含研发加计扣除与高新技术企业所得税优惠政策在内的税收激励政策。另外，为了推进中小企业的创新发展，上海市还进一步完善政府采购政策，优先采购中小企业创新产品。此外，针对国有企业创新活动的开展，加大对负责人科技创新方面的考核力度，并基于绩效考核的结果对科技型国有企业的创新技术人员与经营管理人员实施股权和分红激励。

三、我国加入 GPA 对制造业的影响分析

我国加入 GPA 对国内的制造业发展是一把“双刃剑”。一方面，加入 GPA

意味着市场需求的扩大，具有相对比较优势的产业可以基于GPA开拓海外政府采购市场，谋求更大范围的发展，而不具有相对比较优势的产业也因为GPA成员国的需求激励倒逼其产业的发展；另一方面，加入GPA也意味着国内政府采购市场向国外放开，国内制造业企业与GPA成员国制造业企业共同竞争，而不具备竞争优势的制造业企业在面临更为激烈的竞争环境时，会在很大程度上被侵吞市场份额，进而阻碍产业发展[1]。

（一）积极影响

有利于本国供应商开拓国际市场。一方面，针对一些在国际市场上具备优势地位的行业而言，加入《政府采购协议》意味着国内企业进入国家政府采购市场的突破点，并且该类行业内的企业可以依据其所占据的技术和成本优势在议价过程中占据主动权，实现自身利益最大化。

另一方面，为我国制造业企业打入国家政府采购市场得到法律上的认可奠定了基础。加入《政府采购协议》意味着成员国需遵守协议的规范并享受协议规定的优惠措施和保护条款，这使得我国制造业企业在进入国家政府采购市场时，拥有与成员国国内制造业企业一样合法平等的地位[2]。

有利于本国供应商维护合法权益。针对政府采购方式与政府采购程序，《政府采购协议》均有详细且规范的规定。当国外政府采购供应商进入本国市场后，会进一步推进本国的政府采购相关制度条例的规范及营商环境的优化，从而有利于本国国内供应商的权益维护，进一步促进国内制造业的发展。

1 张堂云. GPA规制下我国产业国际竞争力的差距与提升[J]. 中国财政，2017（7）：52-55.

2 马燕君，李俊霖. 发挥政府采购政策功能 促进企业自主创新[J]. 北方经济，2007（14）：36-37.

（二）消极影响

给本国供应商带来更大的竞争压力。由于我国经济的飞速发展，政府采购市场也随之飞速增长，加入GPA意味着成员国的优势企业也得以进入我国的政府采购市场。国内供应商不仅要与国内企业竞争，还要与成员国企业竞争，这无疑将使我国供应商面临更大的竞争压力。对于信息传输、计算机服务和软件业等产业，该类项目的供应商会失去原有的政策保护，面临国际供应商的竞争，直接遭受市场冲击，这显然不利于这些产业的发展，进一步阻碍了其进入国外的政府采购市场。

不利于本国供应商获得政策支持。就目前来说，我国政府采购政策对国内制造业产业发展的促进作用尚未发挥，国内长期对标准化建设的忽视，导致各行业往往以国外产品为标准，唯国外产品“马首是瞻”，而国货标准缺失，政府优先采购国货政策难以落地，相应的执行细则与配套法规也存在明显缺失，使得现行政府采购制度缺少量化标准，难以实现政策落地以发挥政府采购的政策功能。加入GPA意味着我国在政府采购中应当公开透明，给予国外供应商与国内供应商一致的合法平等地位，这会使国内竞争力较弱的产业失去政府采购市场，进一步阻碍产业的发展。比如，国内的集成电路产业起步较晚，更多地集中在产业链的中低端，缺乏核心技术且研发实力较为薄弱，这使得该行业会面临更激烈的竞争并遭受强烈冲击，从而在很大程度上不利于该行业的发展。

四、政府采购推动制造业高质量发展的政策建议

完善促进制造业企业自主创新的政府采购政策。加大对高技术企业的产品与服务的采购力度，针对自主创新产品与服务实行首购与订购政策，以政府采购的

需求刺激企业自主创新能力与技术水平的提升，进而促进企业发展与产业的总体发展[1]。发挥政府购买引导功能，构建我国创新产品远期约定政府购买制度机制，推动政府从传统的购买市场现有产品的方式转向预定创新产品，建立与潜在供应商的双向沟通机制，刺激企业加大创新投入力度。

加大政府采购对“专精特新”中小企业的精准扶持力度。为精准扶持中小企业发展，建议对工业和信息化部公告的“专精特新小巨人”企业和省级中小企业主管部门认定的“专精特新”中小企业在参加政府采购项目竞争时，给予上限10%的价格扣除或评审加分；对上述企业的主导产品制定清单，当清单内的产品参与政府采购竞争时，视情况给予不同程度的优先采购，帮助企业做到“专、精、特、新”发展。针对中小制造业企业自主创新产品，政府部门应增加优先采购的预算。具体而言，面对以价格为主的政府采购招标项目，政府在项目评估过程中应考虑优先采购中小制造业企业的创新产品与服务；面对政府的重大创新产品与服务采购项目，为支持中小创新企业进入政府采购市场，政府可以在合理范围内将大额采购合同划分为若干份小额合同进行招标[2]。与此同时，政府应当激励中小企业提升技术与创新水平，以中小企业自身的技术与创新水平在市场中站稳脚跟。同时，中小企业应注意发展与在市场中占据主要地位的大企业配套的技术，从而与大企业共同形成合理良性的市场结构[3]。

推进政府采购“电子化”，改善采购制度的整体执行效率。大力发展电子化采购，提高政府采购效率和透明度。电子化采购是解决政府采购执行效率较低的重要抓手，为此要大力推进电子化采购。欧盟在《2014公共部门采购指令》中明确规定，所有集中采购机构所实施的所有采购程序都要运用电子方式进行通信。欧盟许多成员国的政府采购电子化工作推广与贯彻工作较为突出。世界银行于

1 王文庚. 政府采购政策功能研究[D]. 北京：中国财政科学研究院，2012.

2 常超，王铁山，王昭. 政府采购促进企业自主创新的经验借鉴[J]. 经济纵横，2008（8）：100-103.

3 徐天舒，陈柳. 引导中小企业走好“专精特新”之路[J]. 群众，2019（10）：27-28.

2016年也对电子采购系统相关规定进行了增补与细化，并支持成员国与借款国推出电子政府采购系统。在建设政府电子采购平台时，还要规范政府采购平台的网络交易功能，加快完善平台的在线项目公开、招投标等功能，切实改善采购制度的整体执行效率。

支持企业进行政府采购合同融资，降低企业政府采购的成本和负担。鼓励银行业等金融机构推出政府采购合同融资产品，创新政府采购合同融资业务流程和方式，简化审批流程、缩短放贷时间周期，为制造业企业发展及时注入现金流，并鼓励取消履约保障金，切实降低中小企业参与政府采购项目的成本费用，按时退还各类保证金，促进政府采购合同款项按时支付，减少政府占用企业资金的现象。

继续主动推进政府采购市场开放，建立对等的采购利益交换机制。政府采购市场开放是一国推进全球化的重要组成部分，我国政府对加入 GPA 谈判高度重视，在单边主义与贸易保护主义盛行的情况下，加入 GPA 开放政府采购市场代表我国以实际行动对全球化的支持，从而为国内企业开拓海外市场需求。同时，加入 GPA 也代表国内政府采购制度与企业发展会遭受巨大冲击，应当预先做好政策调整的准备，在符合 GPA 的规定框架下，完善我国政府采购制度与促进国内产业发展[1]。此外，要以“互利共赢”作为谈判的标准。面对美国贸易保护主义抬头，必须认真思考我们与美国的出价方案，要在充分认清我国仍是发展中国家这一国情的基础上，注意到我国政府采购工作起步较晚，政府采购制度存在明显不足，加入 GPA 并不代表我国要完全开放全部政府采购市场，而是在逐渐完善我国政府采购制度、促进国内产业的创新与技术水平提升的基础上，逐渐开放国内政府采购市场，维护国内制造业企业的权益[2]。

完善绿色政府采购制度。其一，综合我国绿色发展要求与国际发达国家的政

1 本刊编辑部. 下一步深化政府采购制度改革的九大重点工作[J]. 中国政府采购，2017（12）：23-25.

2 姜爱华. 中国政府采购制度改革：成就、挑战与对策[J]. 地方财政研究，2018（4）：60-65.

府绿色采购制度，逐渐完善我国《政府采购法》中关于政府绿色采购的定义、规定与条例，规范政府绿色采购的执行细则与采购程序，明确政府绿色采购过程中各主体的权利与义务，保障在绿色消费领域中企业的供应商权益，维护在绿色消费领域中政府的产品消费者权益。此外，应当注重对政府绿色采购产品的标准制定，优先采购符合环境标准与节能标准的产品与服务[1]。其二，通过税收优惠、绿色保险、碳交易、绿色金融等政策，降低绿色产品的成本与价格，提高绿色产品的潜在收益率，促进绿色产品在政府采购中形成较强的价格竞争优势和金融支撑优势，推动绿色产品在政府采购竞标中脱颖而出。其三，为深入实施绿色制造工程，加快构建绿色制造体系，行业主管部门组织制定了《绿色制造标准体系建设指南》，并发布了绿色制造示范名单，在政府绿色采购过程中以该绿色制造技术标准与绿色制造示范名单作为参照依据。其四，在政府采购过程中加强对绿色产品的评估，优先采购绿色产品，有效执行政府绿色采购。对国家要求优先采购的节能产品和环境标志产品，在政府采购文件中给予优先采购的具体措施，如给予价格折扣或评标加分；对于具有环境管理体系（ISO14001）认证证书的，在评估过程中予以一定分值的加分。在评估绿色产品时，应以生命周期评估方法这个分析工具为基础，对产品整个生命周期的环境流量进行评估。在项目招标过程中，政府应优先采购具有绿色工厂、绿色园区、绿色供应链和绿色产品示范资格的供应商的产品与服务。其五，依托电子化政府采购平台进一步建设政府绿色采购平台，及时更新行业绿色标准化相关信息，实时发布绿色采购项目与中标供应商，保证供应链上下游企业之间信息交流的公开透明，保障采购过程中各主体的利益。其六，制定政府绿色采购执行细则，切实落实政府绿色采购政策。明确规范政府绿色采购定义与范围，以地区和单位试点示范为原点，制定绿色采购标准体系，施行政府绿色采购相关条例与配套政策，最终在全国推广并完善政府绿色采购相关法律条款。

---

1 展刘洋，鞠美庭，杨娟. 我国政府绿色采购政策的完善建议[J]. 生态经济，2013（6）：92-95.

第十四章
发挥对制造业支撑的政府引导基金带动作用

政府引导基金作为撬动社会资本、引导资本投向的主要工具，应发挥更加重要的作用。但在实际操作过程中，政府部门对财政支出过度谨慎，导致资金“迟到”和“早退”，或者由于对社会资本的限制太多但让利不多，削弱各方参与的积极性，造成目标不明确、管理能力弱化、带动社会融资能力弱、投资效果不明显等问题。只有厘清政府引导基金问题所在，探寻针对性解决途径，才能有效发挥政府引导基金的独特作用。

一、发展历程

探索初创期。自 2005 年起，我国政府引导基金相关规范性文件陆续出台。2005 年 11 月，国家发展改革委牵头颁布《创业投资企业管理暂行办法》，首次提出引导基金的概念，其中指出“国家与地方政府可以设立创业投资引导基金，通过参股和提供融资担保的方式扶持创业投资企业设立与发展”，但“具体管理办法另行制定”，为引导基金正式进入创投行业明确了法律地位。

试点推动期。2008 年 10 月，国家发展改革委联合财政部、商务部共同出台了《关于创业投资引导基金规范设立与运作的指导意见》，已成为我国政府引导基金步入规范发展轨道的重要政策。其中，首次详细定义创业投资引导基金，即由政府出资设立并按市场化方式运作的政策性基金，“用于引领社会资金进入创业投资领域，基金本身不得直接从事创投业务”。

2010 年，财政部、科技部联合发布了《科技型中小企业创业投资引导基金股权投资收入收缴暂行办法》，明确规定了引导基金的退出收益内容和分配办法，首次在法律文件中规范了政府引导基金的退出制度。2011 年 8 月，财政部、国家发展改革委制定了《新兴产业创投计划参股创业投资基金管理暂行办法》，对我国政府引导基金的投资规模范畴进行了明确规定，有利于发挥引导基金的导向作用。上述文件的颁布，为引导基金的规范化运营管理提供了法律依据，为推动政府引导基金的健康发展奠定了基础。

快速发展期。2015 年 11 月，财政部印发《政府投资基金暂行管理办法》，政府引导基金的概念界定愈加全面，由各级政府预算安排，采取政府单独出资或政府与社会资本共同出资设立的形式，“以股权投资为主要运作方式，带动社会各类资本投向经济社会发展的重点领域和薄弱环节，更好地为有关产业与领域的发展提供资金支持”。

2016 年 12 月，国家发展改革委印发《政府出资产业投资基金管理暂行办法》，补充了对政府出资产业投资基金的定义，即政府出资设立，主要投资于非公开交易企业股权的股权投资基金和创业投资基金。

二、发展现状

根据财政部、国家发展改革委、证监会相关数据信息，截至2019年年底，我国政府引导基金累计建立1000余支，计划募资规模已超过3万亿元，实际到位资金规模超过1.5万亿元，其中财政出资和社会资本出资在计划募集和实际到位资金中大体各占一半。政府引导基金已成为政府扶持产业发展的重要工具。

从纵向的时间维度看，政府产业基金发展呈现短期爆发式增长，具有鲜明的政策推动特征。2007年以前，政府产业基金处于探索阶段，2008年《关于创业投资引导基金规范设立与运作的指导意见》的出台推动了政府产业基金的第一轮快速发展，但由于基数较低，政府引导基金数量与规模尚未出现量级的突破。自2014年起，政府财税体制改革开启深度调整进程，地方政府债务整顿、新《预算法》出台等均给地方政府财政运转带来较大幅度调整，同期地方政府存量财政资金整顿也驱动地方政府加速寻找存量资金的投入渠道。在多因素驱动下，2014年以后，政府引导基金开始呈爆发式增长，2015—2017年政府引导基金达到增长高峰，各省、市、区县在该时期集中设立相应层级的政府引导基金。

政府引导基金的爆发式增长带动基金管理机构数量的增长。据清科创投的私募通基金数据库统计，2008—2013年，年度新增基金管理机构维持在60～80家规模，2014—2018年，年度新增基金管理机构分别为115家、318家、365家、191家、137家。2015—2017年是基金管理机构增量集中爆发期，如图14-1所示。对基金这种金融形式的短期集中选择冲击了行业人才供给能力，意味着新增基金管理机构未来一段时期内在管理能力、投资能力、人才保障等多方面存在隐患。

从横向的空间维度看，政府引导基金区域分布不均衡，以省级、地市级基金为主力。政府引导基金主要集中在东部沿海地区，东部省份政府引导基金数量占全国总数的60%，计划募资规模占全国的50%以上；中部省份、西部省份的基金数量、计划募资规模均占全国的20%左右。从政府引导基金层级分布看，政府引导基金主要分布在省、地市两级，基金数量约占全国的70%，计划募资规模约占60%。中央政府设立基金数量较少，但单体规模较大，计划募资规模约占全国的30%以上。

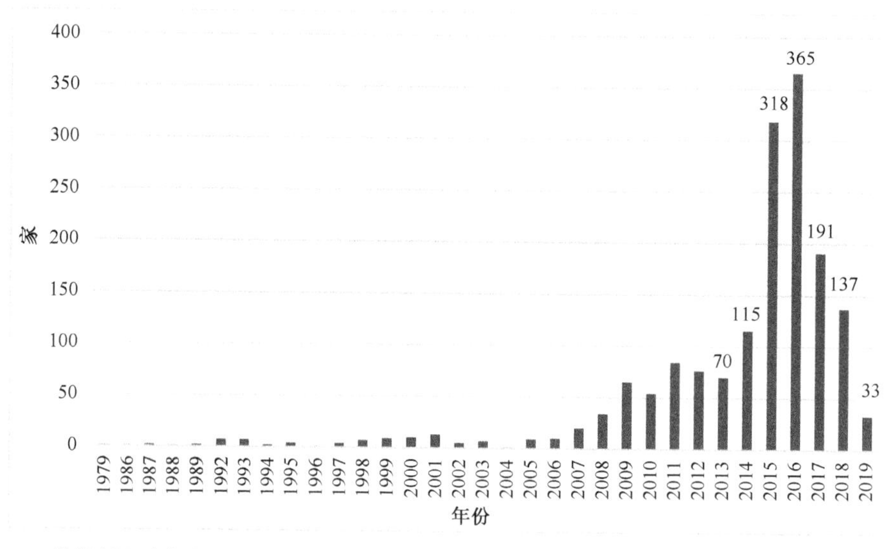

数据来源：根据有关资料整理，2021年。

图14-1　政府引导基金管理机构新增情况

从基金投资情况看，政府引导基金能较好配合相关政策实施。从投资领域看，政府引导基金主要围绕产业转型升级、中小企业发展和创新创业领域设立基金，相关基金数量占比超过70%，目标规模占比约50%。从行业投向看，基金主要投向集成电路、装备制造等国家重点发展产业，以及交通运输、互联网等服务行业。政府引导基金注重扶持已初具雏形或规模的企业，对种子期项目的扶持相对较少，约占总项目数的18.5%，约占在投总金额的6%。

三、发展成效

集中力量扶持特定产业。以国家集成电路产业投资基金为例，截至2019年6月底，基金累计投资39项，紧密围绕集成电路产业链展开布局，其中集成电路制造方面9项，占总投资项目的23%，IC设计、封测、设备制造、软件、材料及下游终端应用均有投资，为集成电路产业的大规模发展注入大量资金，具有良好的政策示范效应。又如先进制造产业投资基金重点支持比亚迪、均胜电子、联影医疗等企业，有效促进了相关产业发展。

助力落实国家重大战略。如贫困地区产业发展基金助力打赢脱贫攻坚战，亚洲投资基金积极服务“一带一路”建设，中国政企合作投资基金（中国PPP基金）在支持区域协调发展方面发挥积极作用。

撬动社会资本参与活力。政府产业引导基金通过机制设计，以财政出资作为杠杆撬动社会资本，是引导社会资本投向的重要手段。以国家集成电路产业投资基金为例，由国开金融、中国烟草、亦庄国投、中国移动、上海国盛、中国电科、紫光通信、华芯投资等企业共同发起成立，有效凝聚了龙头企业的投资力量。

激活地方政府存量资金。2013年财政部《关于加强地方预算执行管理激活财政存量资金的通知》（财预〔2013〕285号）拉开了财政资金整顿的序幕，此后国务院出台《关于进一步做好盘活财政存量资金工作的通知》（国办发〔2014〕70号），大力推进财政存量资金整顿工作开展。2015年财政部连续出台《关于推进地方盘活财政存量资金有关事项的通知》（财预〔2015〕15号）、《关于盘活中央部门存量资金的通知》（财预〔2015〕23号）、《关于开展地方盘活财政存量资金有关情况专项检查的通知》（财监〔2015〕15号）、《关于收回财政存量资金预算会计处理有关问题的通知》（财预〔2015〕81号）多项文件，倒逼地方政府为财政存量资金寻找流向，客观刺激了2015年前后政府引导基金数量与规模爆发式增长。

四、发展存在问题

政府引导基金在初期探索实践中取得了较好的政策效果，如国家发展改革委早期主导的创投基金是市场化资源配置与政府扶持政策的较好结合，为后续政府引导基金发展提供了较好的参考范本。但近年来政府引导基金爆发式增长，且基金设立层级向基层延伸，基金规模变小、管理能力趋弱，暴露出一定问题，如不进行针对性优化，将严重制约政府引导基金对冲疫情影响、促进产业发展的政策效能发挥。2018 年浙江省率先开展关于省级、地市级政府产业基金专项审计，审计范围为 2015 年 6 月至 2017 年 12 月地方政府产业基金设立、投资、管理情况，具有较强的代表性，本部分据此案例展开分析。

引导基金设立目标不明确。不同于国家级政府引导基金，省级乃至地市级、区县级等政府引导基金层级越低，所能调用的资金规模与社会资源、政府信用背书能力、地方优质项目资源、基金管理所需专业化人才等就越少。因此，受能力所限，地方政府引导基金的设立目标必然要区别于高层级政府设立的引导基金。从目前地方政府基金设立逻辑看，主要将基金设立目的聚焦于产业升级、创新投资、新兴产业等国家热点政策，各层级政府引导基金同质化较为严重，缺乏对能够优化当地产业生态的新型基础设施相关项目的关注，导致基层政府引导基金运行难以契合基金预期目标。

引导基金管理能力弱化。由于引导基金设立目标脱离基层基金实际运作能力，因此给基层引导基金管理方面带来多重问题。首先，政府引导基金管理制度不健全，如部分地市级引导基金未建立相关基金法人机构和基金管理公司管理制度。其次，引导基金绩效考核制度建立困难，由于引导基金目标定位不清晰，政府引导基金对于基金盈利保值情况、基金投资效果等缺乏明晰界定，省级、地市级引导基金普遍存在缺乏母子基金管理业绩评价考核和奖惩制度的情况。最后，引导基金间政策功能区分不明晰，存在多头管理现象，如杭州、宁波、台州等市级引导基金均反映，所属天使基金、创投基金、产业基金隶属多个分管部门，市级层面缺乏统一的管理牵头机构，存在多个子基金重复投向同一个项目的情况。

引导基金带动社会融资能力弱。由于部分地方政府引导基金设立目标不尽合理，社会资本对政府引导基金的参与意愿不尽理想。从浙江省专项审计结果看，地市级政府引导基金普遍存在如下问题。一是引导基金规模小而散，且主要依靠财政资金，如宁波地市级引导基金 6 支，平均规模 3.9 亿元；又如杭州审计调查发现，截至 2017 年年底，市本级设立基金 6 支，资金量最大为 14.8 亿元，最小仅为 1 亿元，且引导基金主要依靠财政出资，占比超过 75%。考虑到《政府出资产业投资基金管理暂行办法》中关于“对单个企业的投资额不得超过基金资产总值 20%”的限制，小规模基金引导能力进一步弱化。二是引导基金承诺资金到位慢或不到位现象较为普遍，如杭州淳安县反映该县实际到位产业基金全部为政府性资金，社会资本和金融资本均未到位；又如温州审计发现，地市级引导基金设立 8 支，但仅 3 支基金出资到位。三是引导基金融资过程中存在“明股实债”方式融资，加剧地方财政风险。从浙江省产业基金专项审计情况看，部分省级、地市级引导基金均出现基金约定以固定收益回购方式退出的现象，以政府财力背书吸引社会资本、金融资本，加剧地方政府隐性债务风险。

引导基金投资效果不明显。调研普遍发现，政府引导基金投资存在背负“国有资产保值增值”的压力，引导基金运作偏重于收益回报，对于投资初创期、早中期的本地创新型项目投入不足。基金保值增值压力导致地方政府引导基金存在辖区外投资（扩大优质项目的遴选范围）、投资进度缓慢等问题，未能实现引导基金的设立目的。此外，地方政府引导基金投资管理能力不足也是制约投资效果的重要瓶颈。由于 2015 年前后的政府引导基金爆发式增长，正常状态下的基金投资业务具有较高的行业准入门槛，从业人员应经过相应的学习培训，而引导基金短期内人才需求爆发，导致基金管理人才供给严重不足。从浙江省专项审计结果看，部分引导基金投资尽职调查能力较差，无法对项目进行有效甄别；基金管理公司仅负责日常账务处理工作，将尽职调查、入股谈判等投资专业化工作交由政府工作人员及银行借调人员承担；项目投后管理环节薄弱，引导基金管理人未掌握项目运营情况。

五、改革思路

建议控制地市级、区县级基金增量，调整基层引导基金存量。结合文中数据与问题分析可知，政策刺激下的基金爆发式增长，导致基金投资这个较高专业门槛的人才供给面临较大压力，而地市级、区县级引导基金是该类人才供给压力的高度承压者。2017 年 4 月实施的《政府出资产业投资基金管理暂行办法》第二十条规定，基金管理人应至少有 3 名具备 3 年以上资产管理工作经验的高级管理人员。结合 2014 年开始的本轮引导基金增量爆发，目前政府引导基金相关机构从业者多已具备 3 年以上工作经验，但不能代表该类职业群体具备与市场化基金管理从业者相同的业务素质，对基层政府引导基金人才的供给情况应保持审慎态度。因此，建议优化引导基金的数量和规模，布局调整投资领域，将 5G 通信、大数据、充电桩等“新基建”相关项目纳入基金投资范围；建议通过市场化方式整合政策目标雷同、投资方向类似的基金；地方政府在基金设立上要量力而行，杜绝政策宣传的浮夸风，避免基金管理能力不足带来的社会资源错配。

建议进一步明确地方政府引导基金的设立目的与功能，基层政府引导基金向本地优势产业技改升级、优质企业初创期扶持等领域聚焦。地市级、区县级基层政府引导基金相对于国家级、省级政府引导基金而言，在资源调配能力、项目遴选范围等多方面缺乏竞争力，但在掌握当地产业、企业的信息方面具有鲜明优势。基层政府引导基金应考虑酌情减少如大型项目落地配套、产业短板攻坚、重点创新中心等外溢性较强领域的投入，由国家级或省级政府引导基金着重该领域的统筹调配。建议优化基层政府引导基金运作机制，发挥信息优势，聚焦基金管理人更为熟悉的本地优势产业，加大对工业互联网等产业基础设施项目的支持力度，提高基金项目甄别能力与项目投后监管能力。

建议创新基金运作模式，调整政府产业引导基金考核目标。以确保产业基金市场化运作为主线，强化基金运作的公司制管理，基金日常管理和投资运作依托专业的基金管理机构；搭建产业投资基金信息化平台，加强信息共享；建立面向市场的产业投资基金资产包交易平台，设立并推广基金资产包流转变现的交易机制，灵活运用资产证券化手段，拓宽产业投资基金退出渠道。建立完善政府引导基金绩效考核制度，不单以盈利状况为标准，还要结合引导基金带动创业投资的规模、对新兴产业投资规模的拉动、对当地创业初期及早中期的企业扶持情况、政府基金退出后的收益等标准进行评价。

第十五章
疫情初期及防控常态化后促进复工复产的财税政策

新冠肺炎疫情暴发以来，各级政府出台系列财税支持政策，主要涉及对企业的税收支持政策、个人所得税政策、捐赠税收政策、免征部分行政事业性收费和政府性基金等，重在鼓励企业复工复产，取得了一定成效。为推动经济发展快速恢复，财税政策仍需继续发力，为企业健康可持续发展保驾护航。

一、保障新冠肺炎疫情重点医疗物资的财税政策

（一）现行重点医疗物资的财税保障政策分析

为了应对新冠肺炎疫情，财政部等有关部门陆续出台了一系列强有力的财税支持政策，如表 15-1 所示，鼓励企业有序复工、扩大产能，使重点医疗物资保障紧缺状况略有缓解。

表 15-1　疫情防控重点医疗物资保障部分政策

政策分类	政策内容
物资筹集类政策	对捐赠用于疫情防控的进口物资免征进口关税和进口环节增值税、消费税
	对卫生健康部门组织进口的防控物资免征进口关税
	企业和个人通过公益性社会组织等或直接向医院捐赠用于疫情防控的医用物资等物品，允许在缴纳所得税前全额扣除
	对单位和个体工商户无偿捐赠用于疫情防控的货物，免征增值税、消费税、城市维护建设税、教育费附加和地方教育附加[1]
生产激励类政策	对疫情防控重点物资生产企业，全额退还 2020 年 1 月 1 日后增值税增量留抵税额
	对与新型冠状病毒相关的防控产品，免收医疗器械产品注册费；对治疗和预防新型冠状病毒感染的肺炎药品，免收药品注册费
	鼓励企业保质保量增加紧缺的重点医疗防控物资生产，对企业多生产的重点医疗防控物资，全部由政府兜底采购收储[2]
投资激励类政策	明确中央财政对疫情防控重点保障企业给予贴息支持
	对疫情防控重点物资生产企业为扩大产能新购置的相关设备，允许一次性计入当期成本费用在企业所得税税前扣除[3]
	中国人民银行设立 3000 亿元专项再贷款，加强对重要医用物资、重要生活物资骨干企业的金融支持
	加大贴息资金规模，改按疫情防控重点保障企业实际获得贷款利率的 50%给予贴息，确保企业实际融资成本低于 1.6%
调配保障类政策	针对疫情防控物资的政府采购，简化审批程序，打通物资供应的“绿色通道”
	明确对代储企业紧缺医疗物资周转储备资金的银行贷款贴息方案
	对纳税人运输疫情防控重点物资取得的收入，免征增值税

资料来源：根据有关资料整理，2021 年。

政策聚焦医疗物资最终产品的生产激励与产品调配，企业生产所需原材料、配套产品的激励与运输保障等支撑政策不足。为了应对新冠肺炎疫情，政府有关

1 王涵，王轶君，王连庆，等. 突发公共事件中的财政和宏观政策应对[J]. 金融市场研究，2020（2）：24-36.

2 张平，杨耀武. 当前中国宏观经济形势研判[J]. 中国经济报告，2020（2）：4-16.

3 李苑. 四类困难企业今年亏损最长结转年限延至 8 年[N]. 上海证券报，2020-02-28.

部门陆续出台了相关政策，主要聚焦重点医疗物资最终产品的生产调配，有关企业生产所需原料、配套产品的生产及运输困难等问题，尚未得到关注，客观上制约了相关物资复工进展。调研发现，江西某企业生产医用消毒液，所需盛装的瓶子和外包装纸壳大部分由邻省生产供应，但公路交通管控措施因新冠肺炎疫情趋严，跨省运输存在较大困难，只能在两省交界处装卸，严重影响物流效率。

政策强调医疗物资企业新冠肺炎疫情期间过剩产品的收储，对后续过剩产能化解问题考虑不足。为了鼓励企业扩张产能，政府承诺，企业多生产的重点医疗防控物资全部由政府兜底采购收储。但这仅能解决企业防控新冠肺炎疫情期间应急生产的产品问题，恐难消除企业扩张产能的后顾之忧。特别是我国是医用防护服、医用口罩等相关产品主要出口国，应急扩张产能必然会带来疫情后产能过剩的压力。国家的兜底采购承诺只限于新冠肺炎疫情期间的相关物资生产，不能支撑企业在疫情期间新增产能的后续需求保障。

现行政策重在化解关键医疗物资短期供需矛盾，尚未涉及政府采购等财税应急体制机制建设。政府采购是国家宏观调控，特别是公共安全突发事件的重要着力点。新冠肺炎疫情凸显我国应对重大疫情医疗物资保障体制机制层面的短板。我国尚未建立统一高效的应急医疗物资政府采购体系，应对突发疫情时，采购执行分散在中央和地方多部门，多为临时性、小批量、分散化采购，采购成本高、采购效率低。

（二）政策建议

为了强化新冠肺炎疫情重点医疗物资保障能力，完善国家重大疫情应急治理能力建设，财政是国家治理的基础和重要支柱，还需从物资保障、扩张产能、提升治理能力等方面继续发力。

物资保障类政策：

建议一：2020 年 1 月 1 日—3 月 31 日，对医用防护服、医用 N95 口罩、医用护目镜、新型冠状病毒检测试剂盒等严重紧缺的应急医疗物资，实行增值税即征即退，减免城市维护建设税和教育费附加；对负压救护车等产能偏紧产品，暂按 6%优惠税率征收增值税。

建议二：协调应急医疗物资生产原材料供应与价格，通过财政贴息等方式，鼓励金融机构向疫情应急医疗物资生产骨干企业（纳入名单制管理）提供无抵押贷款。

建议三：2020 年 1 月 1 日—6 月 30 日，相关应急医疗物资生产企业的研发费用加计扣除比例，从 75%提升至 100%。

建议四：2020 年 2 月 1 日—3 月 31 日，鼓励高速公路对运输医用物资生产原料及配套产品的载货汽车通行费实现减免，具体标准由各省视财政状况与货运需求自行确定。

扩张产能类政策：

建议五：2020 年 2 月 1 日—3 月 31 日，对生产医用防护服、医用口罩、医用护目镜、新型冠状病毒检测试剂盒等骨干企业（纳入名单制管理）新增产能所需的进口设备、零配件免征进口关税和进口环节增值税，对自美国进口的新增产能所需相关设备、零配件免征关税。

建议六：2020 年 2 月 1 日—3 月 31 日，应急医疗物资生产骨干企业（纳入名单制管理）新增应急产能，从产能投建日起计算，三年内相应生产线升级、转产等技术改造投资，将获得一次申请政府补助的资格。技改方案经备案后，中央政府提供相应技改投资 10%的补助，最高不超过 1000 万元，地方政府按 1:1 配套提供技改补助。

提升治理能力类政策：

建议七：卫生健康领域“十四五”规划应加大对基层医疗的投入力度，提高基层医疗机构数量与设备水平，提高人均医疗资源水平。

建议八：建立重大疫情医疗物资保障机制，强化医院应急医疗物资储备水平，针对医用口罩、医用防护服等防护用品，视流行病时间分布规律动态调整储备量，要求医院常备1～2个月库存，定期更换，保质保量。

建议九：建立国家公共卫生事件应急采购体系，推广协议供货模式，在应对疫情期间，医疗物资生产与扩张产能表现突出的企业，同等竞争条件下将优先获得协议供货商资格。

二、疫情期间推动企业复工复产的财税政策建议

（一）当前各部委与地方疫情防控的财税政策分析

2020年1月28日，中共中央印发《关于加强党的领导、为打赢疫情防控阻击战提供坚强政治保证的通知》（以下简称《通知》），指出要坚持党建引领，把区域治理、部门治理、行业治理、基层治理、单位治理有机结合起来，切实提高疫情防控的科学性和有效性。各部委及地方政府积极贯彻落实《通知》要求，结合疫情发展及企业生产经营状况，相继出台一系列财税政策应对举措，如表15-2所示。加大疫情防控工作力度，保障市场供需对接，虽然取得一定成效，但全国全面复工复产仍需财税政策继续发力。

表 15-2　各部委与地方政府疫情防控的主要财税政策梳理

政府级层分类	政策分类	主要政策内容
中央层面	资金补助	自 2020 年 1 月 23 日起，以财政部为主体，国家发展改革委、卫健委等其他部门配合，以湖北省为支持重点，同时面向全国下发了大量补助资金，用于疫情防控相关工作。截至 2020 年 2 月 14 日，各级财政已安排疫情防控补助资金 901.5 亿元，其中中央财政安排资金 252.9 亿元，保障各地疫情防控经费，主要用于患者救治、医务人员和防疫工作者临时性工作补助、医疗机构开展疫情防控工作所需专用设备及快速诊断试剂等支出[1]
	短期贴息支持	2020 年 2 月 2 日，财政部针对疫情防控重要物资生产保障企业，按人民银行再贷款利率的 50%给予不超过 1 年的贴息，资金从普惠金融发展专项资金中安排
	税收减免	（1）2020 年 1 月 1 日—3 月 31 日，对捐赠的用于疫情防控的进口物资免征进口关税和进口环节增值税、消费税；对按照防控新型冠状病毒感染的肺炎疫情进口物资免税政策进口且原产于美国的物资，不实施对美加征关税措施 （2）2020 年 2 月 6 日，财政部、税务总局连发三项公告，对与疫情防控相关的企业所得免征增值税，同时允许相关企业申请全面的留抵退税，对购买防控物资费用、捐赠防控物资费用一次性税前扣除，同时对个人防疫相关所得全面减免所得税，个人捐赠物资所得一次性税前扣除
	便利税收征管	在全国范围内将 2020 年 2 月份纳税申报期限延长至 2020 年 2 月 24 日，湖北地区延长至 2020 年 3 月 6 日，对受疫情影响办理申报仍有困难的纳税人可依法申请进一步延期[2]。鼓励各地积极拓展“非接触式”办税缴费服务
	加大政府采购和清欠工作力度	2020 年 2 月 9 日，工信部发布公告，要求推动引导各级预算单位加大对中小企业的倾斜力度，提高面向中小企业采购的金额和比例。加大行政机关、事业单位和国有企业拖欠中小企业账款清理力度，加快完成清欠目标任务[3]
地方层面	政府采购绿色通道	北京市、重庆市、湖北省、河南省等地方政府规定，对采购疫情防控相关货物、工程和服务，可不执行《政府采购法》规定方式和程序，采购进口物资无须审批
	政府贴息贷款	在国家确定的疫情防控重点保障企业贴息基础上，对本地确定的疫情防控重点保障企业，省财政再次给予贴息。如山东省规定，对国家确定的疫情防控重点保障企业，2020 年新增的企业贷款，中央财政已按人民银行再贷款利率 50%给予贴息；对省确定的疫情防控重点保障企业，省财政按人民银行再贷款利率 50%给予贴息，贴息期限不超过 1 年[4]

1 周钰婷. 以积极财政政策应对疫情下的基建投资[J]. 新理财，2020（2）：72-73.

2 国家税务总局贯彻落实党中央、国务院指示批示精神[J]. 中国税务，2020（3）：8-10.

3 工信部出台 20 条政策措施支持中小企业复工复产渡过难关[EB/OL].（2020-02-10）. 中国新闻网.

4 山东省人民政府办公厅关于应对新型冠状病毒感染肺炎疫情支持中小企业平稳健康发展的若干意见[EB/OL].（2020-02-29）. 山东省人民政府公报.

续表

政府级层分类	政策分类	主要政策内容
地方层面	中小微企业适度租金减免	政府鼓励大型商务楼宇、商场、市场运营方对中小微租户适度减免疫情期间的租金，同时对采取减免租金措施的租赁企业给予适度财政补贴。如广东省规定，国有资产类经营用房对受疫情影响较大不能正常经营的民营承租企业免收第一个月租金，减半收取第二、第三个月租金；鼓励其他物业持有人根据实际情况，适当减免租金。免租金两个月以上的企业，按免租金月份数给予房产税困难减免[1]
	减免或延期缴纳社保费用	北京市、上海市、广东省、江西省等地方政府规定，可按规定给予失业保险费返还，或者延长社会保险缴费期
	研发费用加计扣除	湖北省与广东省等个别地方政府出台了研发加计扣除政策，如湖北省提出，企业在开展包括支持疫情防控在内的各类研发活动中实际发生的研发费用，未形成无形资产计入当期损益的，在按规定据实扣除的基础上，依法再按照实际发生额的75%在税前加计扣除；形成无形资产的，按照无形资产成本的175%在税前摊销[2]

资料来源：根据有关资料整理，2021年。

制造业企业全面复工复产仍存压力，再加上医用防护服、医用口罩等疫情防控重点物资还处于“紧平衡”状态，财税政策还需加大支持力度。表15-2中的内容显示，各地财税政策重在鼓励企业复工复产，实践表明，政策虽取得一定成效，但各地仍未实现全面复工复产。截至2020年2月18日，国资委数据显示，中央生产型企业复工复产率已超80%；有关数据显示，各地国企复工复产率基本已达70%～80%，规上企业复工复产率多已达40%～50%，其中江苏、山东等地企业复工复产率已达60%～70%。另外，疫情防控重点物资仍处于“紧平衡”状态。针对上述情况，财税政策还需继续发力，调动企业全面复工复产的积极性，缓解疫情防控重点物资供需矛盾。

疫苗、检验检测技术等重点医疗物资还处于科研攻关关键期，5G、人工智能等新兴技术发展契机已到来，研发激励的财税政策还有待进一步完善。当前，中

1 代兰兰. 广东五方面出招战疫情稳经济[N]. 中国财经报，2020-03-31.

2 特别报道. 各地财政：勇担重任 尽锐出战 共抗疫情[J]. 中国财政，2020（3）：14-41.

央层面已提出，制定应对疫情研发激励政策，但仅有湖北省、广东省等部分地方政府出台了具体政策，对研制与疫情有关的快速简易确诊试剂、疫苗和有效药物等制造业企业，研发费用加计扣除可享受在原有基础上加计75%扣除的优惠政策。另外，在疫情期间，远程办公、在线教育、无人物流等成为日常工作、生活所需，但当前对5G、人工智能等新兴技术的财税政策支持力度还有待进一步加大，推动新兴技术及新产品在“线上经济”“宅经济”等新场景的应用示范，推动制造业高质量发展。

疫情防控是长期性工作而非短期性工作，需要将全国统筹考虑，构建财政资金保障机制。疫情发生以来，各级财政部门实施了一系列资金补助、税费减免、财政贴息等举措，疫情防控资金投入力度不断加大，保障各地疫情防控经费。但疫情防控是全国一盘棋，不仅需要依靠政府力量，还应充分调动社会参与相关工作的积极性，通过社会捐助、保险等方式，缓解财政支出压力，全力保障疫情防控工作。

（二）政策建议

短期性政策建议：引导企业有序复工复产，稳定企业预期，特别是针对疫情期间中小企业可持续发展提出具体政策。

建议一：免征一定期限内疫情防控重点保障企业的企业所得税。针对企业全面复工复产压力，以及重点医疗物资还处于“紧平衡”的状态，应鼓励各地出台更具针对性的举措，如江苏省、山东省等参与“一省支援一市”疫情防控工作的企业，根据疫情期间复工复产情况，建议免征一个季度或更长时间的企业所得税；疫情严重的武汉等地区的生产企业特别是中小微企业，建议免征疫情期间企业所得税，并视情况给予1～2个季度的延长期限。

建议二：加大研发费用加计扣除、研发补贴等优惠政策力度。针对仅有部分地方出台了研发费用加计扣除优惠政策的情况，笔者建议，继续推动各地方提高研发费用加计扣除比例，大力支持企业联合高校院所、医疗机构等科研机构，加快治疗药物、防控疫苗、体外诊断设备、快检试剂等相关产品研发。鼓励地方对企业及科研机构承担的有关国家疫情应急科研攻关项目，按照国家实际到位经费的一定比例，给予财政资金配套支持。另外，应加大对5G、人工智能等新兴技术在疫情防控、远程办公、无人物流等领域的研发财政支持力度，对疫情期间相关企业的研发投入增量或新技术、新产品给予一定研发补贴。

建议三：适度放宽中央财政赤字及地方融资。随着疫情防控经费的不断增加，财政收支压力继续加大。鼓励各省（市、自治区）通过财政贴息等方式，合理放松地方政府对企业的融资约束，增强企业“输血”功能，扩大产能、稳定就业。

长期性政策思考：建立政府引导的巨灾保险制度、“政府统筹+民间组织”的捐赠资金管理机制，提高财政帮扶企业应对突发公共事件的能力。

建议四：考虑以省（市、自治区）**为主，建立因突发公共事件导致企业受灾等多个灾种于一体的综合性巨灾保险制度。**对地方积极建立综合性巨灾保险制度的，给予财政补贴。鼓励各省（市、自治区）根据地区实际情况，确定巨灾保险所涉及的费率、政府补贴金额与方式等事项。支持各省（市、自治区）之间巨灾保险相关部门或机构协作，通过分保与再保设计，合理分担各省（市、自治区）巨灾保险的风险。保险经费可通过减免增值税、所得税等方式帮扶企业，如将企业在灾情期间购买与发放的重点抗灾物资纳入保险产品范围，减免增值税、个人所得税等。

建议五：构建“政府统筹+民间组织”的捐赠资金管理机制。针对公共突发事件之后的企业生产恢复重建，政府可将捐赠资金与财政资金统筹考虑，协调整合，鼓励民间组织设计扶持项目，如加大员工技能培训力度、灾后重建厂房等，通过低息或无息贷款等方式扶持受灾影响较大的企业。

三、非典型肺炎疫情结束后广东省恢复经济发展的具体做法和新冠肺炎疫情后湖北省快速恢复经济发展的政策建议

（一）2003 年非典型肺炎疫情结束后广东省恢复经济发展的具体做法

发挥政策调控作用，推动企业加快复工复产。非典型肺炎疫情结束后，广东省加快落实国家扶持政策，通过减免税费、财政贴息、担保贷款、免征行政事业收费等地方特色政策，帮扶受非典型肺炎疫情影响较大的餐饮、旅店、旅游、娱乐、民航、公路客运、水路客运、出租汽车等受影响较大的行业，尽快恢复生产经营。政府落实并实施一系列减税降费等优惠政策，企业生产经营的成本负担有所减轻，企业复工复产进程有所加快。

调整产品结构，促进消费，开拓农村市场。一方面，广东省围绕装饰、汽车、教育、健身、娱乐等消费新热点，引导企业调整产品结构，生产畅销产品；推动电子商务、电子政务、网络教育、网上文化娱乐等消费，提高网上交易比重。另一方面，广东省开拓农村市场，为农民组织适销对路的商品。这样不仅促使企业按市场需求加快产品转型升级，而且助力电子商务等新兴产业发展，在推动产业结构升级加速的同时，开拓新市场。

推出一批优质大项目，重点加大基建投资力度。广东省重点围绕“十大工程”，即高速公路、能源建设、天然气、石化、汽车、城市快速交通建设、环保、高新技术产业、水利和文化等，加大工程投入力度，拉动经济增长。实践证明，优质大项目特别是基建投资对拉动经济增长具有积极作用，广东省在非典型肺炎疫情结束后重点加大“十大工程”建设力度，有效增强了经济发展动力。

重点企业重点扶持，完善信用担保体系，做大做强民营经济。一方面，广东

省从科技型、外向型、吸纳下岗人员就业和从事农产品加工的民营企业中，选择一批高成长型民营企业，给予重点扶持。另一方面，广东省加快推进社会信用担保体系建设，重点扶持一批以民营企业为目标客户的担保公司，帮助民营企业解决贷款难问题。此外，赋予更多符合条件的民营企业进出口经营权，鼓励民营企业直接出口，开拓海外市场。基于以上措施，民营经济活力得以有效激发，发展潜力得以释放，在一定程度上促进了非典型肺炎疫情后广东省经济快速恢复。

扩大经贸活动圈，促进对外贸易发展。通过经贸合作洽谈会、会展等方式，组织企业小分队开展跨省经贸工作，将经贸合作与市场开拓有机结合，加大国际与中西部内地市场的开拓力度。例如，政府组织召开粤港合作联席会议和粤澳合作联席会议，建立粤港澳合作新机制，拓展经贸合作总体思路。这些措施提高了企业的服务工作效率，开拓了企业的合作地域空间，使企业获得更多产品订单。

（二）新冠肺炎疫情后湖北省快速恢复经济发展的政策建议

第一，推动产业结构升级，快速培育经济新动能。在新冠肺炎疫情期间，湖北省内企业停工停产时间较省外企业停工停产时间长，企业生存压力较省外大。在新冠肺炎疫情后，湖北省可借机鼓励企业用好用足国家财政补贴、技改等扶持政策及地方特色政策，进行体制机制创新，加大研发中心等创新载体建设力度，应用新技术、新工艺、新装备、新材料改造提升，推动传统产业高级化、新兴产业高端化，快速培育智能制造、医疗健康等竞争新优势，集结新动能，尽快恢复生产甚至赶超省外同行，为经济稳步发展注入新动力。

第二，创建国际消费中心城市，开拓农村市场，增强消费拉动力。在新冠肺炎疫情后，人们积压的消费需求将有所释放，叠加网上超市、网上娱乐等新业态应时而兴，湖北省可大力支持武汉充分发挥现代商贸流通重镇、供应链创新与应用试点城市的作用，引导企业增加优质商品和服务供给，促进创意、时尚等行业发展，创新消费模式，优化消费环境，促进消费升级，加快创建国际消费中心城市步伐。同时，考虑到在线销售的商品具有一定价格优势，能很好地满足农村市场需求，农村消费市场存在巨大潜在需求。因此，基于互联网发展位居全国前列的优势，湖北省可加快“互联网+”服务向农村延伸步伐，形成综合性、规模化、可持续的农村流通网络，支持电商快递和企业优质产品下乡，拓展农村消费市场。

第三，加大“新基建”投资力度，推动大项目建设。“新基建”是经济未来发展的短板，既能短期刺激有效需求，又能长期增加有效供给，叠加湖北省特别是武汉光谷等地区具有 5G 基站建设、工业互联网等相关产业资源优势，湖北省在新冠肺炎疫情后可结合中央经济工作会议战略部署的重大项目，提前制定“新基建”重点项目清单，重点改造提升基于互联网的教育、医疗等网络硬件平台，加快“新基建”建设步伐，夯实产业基础，加快转型升级。

第四，加快对外开放步伐，进一步优化全球产业链布局。受益于湖北省自贸区改革创新红利释放，全球高端产业近年来加速向武汉、襄阳、宜昌三大片区聚集，湖北省在新冠肺炎疫情后可借助这些全球产业资源优势，继续培育一批国家外贸转型升级基地，力争创建国家级进口贸易促进创新的示范区，运用财政补贴、税收减免、贸易融资、出口信保等手段，鼓励企业开展航空维修、医疗器械维修等加工贸易保税维修再制造，以及跨境电子商务、市场采购贸易、外贸综合服务企业等新业态，积极开拓多元化市场，优化国际市场布局。

第五，争取国家及省外点对点帮扶政策，提升省内外产业链协同配套能力。新冠肺炎疫情给湖北省产业按下了“暂停键”，湖北省产业元气有所损伤，全国乃至全球产业链受到一定冲击。外力帮扶有助于湖北省产业加快有序健康恢复的步伐，促进全国乃至全球经济发展。湖北省可争取国家给予财政补贴、转移支付、投融资等倾斜政策，提振省域经济。同时，以疫情期间的“一省包一市”医疗救治精准支援为例，湖北省可争取国家举措，鼓励各省根据产业匹配度，对湖北省各市实施“点对点”提振经济帮扶，通过省际产业协作联盟等方式，帮扶湖北省传统产业转型升级，共同培育新兴产业，推动省际产业链上下游企业协同配套，重点助力武汉尽快发挥出国家重要的工业基地的作用，同时激发湖北省其他城市的产业发展活力。

四、全球疫情蔓延给制造业带来的风险与机遇及我国财税应对之策

全球疫情蔓延，世界上越来越多的地区经济陷入停滞，部分产业供应链停摆，甚至中断。其中，餐饮、旅游、交通、娱乐等服务业停滞，制造业企业的采购、生产、销售等环节受到冲击，针对疫情实施“隔离”防控措施，人员流动受限，物流难以畅通，制造业劳动力、原材料供给不足，制造业企业生产能力受到影响，制造业企业订单延迟交货，甚至部分订单被取消。我国是全球制造业供应链的枢纽，全球疫情蔓延势必会给全球及我国制造业带来一定风险，但风险中也蕴含着“转机”。

（一）全球疫情蔓延给制造业带来的风险与机遇

我国是全球供应链网络的核心节点，无法避免全球疫情蔓延带来的制造业冲击，但我国疫情防控较早，并率先进入复工复产阶段，风险中同时蕴含着“转机”。

全球疫情蔓延，叠加我国企业“内忧外患”，机电、化工等制造业行业面临市场萎缩风险。

当前，全球疫情主要在意大利、美国、西班牙、德国、伊朗、日本、韩国等国家蔓延。其中，美国、日本、韩国和欧盟中的一些国家与我国制造业产业链相互依赖程度较高，我国的化工、机电、轻工、光学钟表、半导体产业、汽车制造业等行业受冲击程度较大。

一是从我国对日本进出口的依赖度来看，机械、电气设备和化学制品排名前

三。我国在机电产品（尤其是汽车零部件、半导体）、化学制品（尤其是新材料）等领域与日本、韩国的贸易量较大，产业链相互依赖可能造成对我国中下游半导体产业、汽车制造业的冲击。

二是从我国对美国进出口的依赖度来看，美国对我国出口的产品主要为运输设备、机电产品、化工产品、光学仪器、光学钟表和医疗设备。据美国商务部数据，2018 年美国对我国运输设备、机电产品、化工产品、光学钟表和医疗设备出口分别占美国对我国出口总额的 23.0%、22.5%、10.3%和 8.2%。美国从我国进口以机电产品为主，家具玩具、纺织品及原料、贱金属及制品依次位列第二、第三和第四。2018 年，机电产品、家具玩具、纺织品及原料、贱金属及制品分别占美国自我国进口总额的 49.8%、12.0%、7.5%和 5.2%。

三是从我国对欧盟进出口依赖度来看，我国自欧盟国家进口的产品主要为工业制成品，包括机电产品、运输设备、光学钟表和化工产品等；我国对欧盟国家出口的产品主要为工业制成品，包括机电产品、纺织品、家具玩具和化工产品等。

但有“危”就有“机”，全球疫情蔓延也为我国制造业发展带来了重大机遇，即我国率先进入复工复产阶段，发挥全球产业链供应端交通枢纽的作用，特别是国际防疫需求激增，为与大健康相关的医药产业提供了新的发展契机，同时也激发了数字经济活力。

一方面，与大健康相关的医药产业迎来开拓海外市场的契机。从产能恢复看，国内企业复工复产已取得成效，产能恢复步入正轨。除湖北省外，据对各省约 1.1 万个重点项目统计，截至 2020 年 3 月 20 日，重点项目复工率达 89.1%。分地区看，南方地区重点项目复工率为 98.1%，北方地区重点项目复工率为 60.3%[1]。特别是国内与大健康相关的医药产业产能爆发式增长的同时，随着全球疫情蔓延，人们对美好生活向往的意愿越来越强烈，此次疫情暴发后，与大健康相关的医药

1 应对疫情冲击，保持经济合理增长[N]. 社会科学报，2020-04-03.

产业将迎来大发展，特别是近年来海外公共卫生事件不断，海外医用物资市场具有很大潜力。因此，与大健康相关的医药产业海外新市场前景较为广阔。

另一方面，疫情冲击下数字经济需求激增。在疫情期间，居家隔离、在家办公成为最有效的防控方式，数字经济发展迅速，依托“互联网+”的网上超市、空中课堂等新业态为经济稳步发展注入了新动力。以我国餐饮业为例，在疫情期间约有40%的餐馆致力于扩大线上外卖，这其中半数餐馆之前未开展过外卖业务。据测算，疫情期间线下餐馆业务降幅高达70%～80%，相比而言，线上业务减少30%～40%。又如，游乐园、博物馆、影剧院等业务下降幅度均达到90%或更高，但线上影视剧、短视频的浏览量出现惊人增长，线上教育增长甚至可能超过300%[1]。

（二）全球疫情蔓延可能导致我国制造业遭受二次冲击

长期来看，全球疫情蔓延可能对我国制造业造成二次冲击。境外疫情输入风险将加剧国内制造业生产经营的不确定性，订单市场受影响，产业链外迁也有可能发生。

发展中国家与欠发达国家和地区一旦疫情暴发，我国制造业产业链“中断”不确定性就会增加。全球疫情蔓延，各国被迫采取各种防疫管制措施，甚至封国、封城，全球市场总需求有所下降。相较而言，发达国家已建立起相对完善的卫生医疗体系，疫情防控只是时间问题。但与我国产业链依赖性较高的发展中国家与欠发达国家和地区，一旦疫情暴发，我国企业、行业产品的外需可能受较大影响。基于世界卫生组织公布的全民健康覆盖指数（UHC 指数），我国 UHC 指数约为79。若以此作为界定防控能力的分界点，除我国外，全球所有 UHC 指数不超过 79 的国家贸易规模总和占全球贸易总额的比重约为 30%，占我国出口总额大概为35%。也就是说，我国外需中有 1/3 左右的国家或许没有足够的能力来妥善应对疫

1 黄益平. 数字经济支持中小企业复苏[J]. 新金融评论，2020（1）：10-14.

情。若这些国家疫情暴发，我国制造业产业链“中断”不确定性就有可能增加。

全球疫情蔓延导致地缘经济、政治冲突更为复杂，全球产业链分离、回流恐加速，可能导致制造业外迁。当前，世界各国为疫情防控，实施“隔离”管制，全球地缘经济、政治冲突或更为复杂，全球产业链分离、回流恐加速。据有关测算，在产业关联度较低的行业（主要为加工贸易生产）中，纺织服装、皮革鞋帽等行业的劳动力强度高，属于劳动套利行业，随着我国劳动力成本上升，很容易转移至劳动力成本低的地区；电子电气设备、交通运输设备等劳动力强度低、技术密度高的行业，容易回流至发达经济体；金属冶炼加工等环境成本较高的行业，会随着我国环保标准不断提高，转移到环保标准较低的周边经济体[1]。受全球疫情蔓延影响，这些行业外迁风险可能有所增加。

（三）政策建议

加大对新兴产业支持力度，快速提升经济新动能。在疫情期间，部分企业因人力紧缺而不得不提高智能化水平，叠加居家隔离、在家办公成为最有效的防控方式，智能制造、无人配送、医疗健康等新兴产业展现出强大成长潜力，网上超市、网上订餐、网上娱乐、空中课堂、网上招商、远程协同办公等新业态应时而兴。应加大对新技术、新产品、新业态、新模式的支持力度，加速 5G、互联网、大数据、人工智能和实体经济深度融合步伐，集结新动能，对冲疫情负面影响，为经济稳步发展注入新动力。

加大研发费用加计扣除、研发补贴等优惠政策力度。继续推动各地方提高研发费用加计扣除比例，大力支持企业联合高校院所、医疗机构等科研机构，加快治疗药物、防控疫苗、体外诊断设备、快检试剂等相关产品研发。鼓励地方对企

1 祝坤福，高翔，杨翠红，等. 新冠肺炎疫情对全球生产体系的冲击和我国产业链加速外移的风险分析[J]. 中国科学院院刊，2020，35（3）：283-288.

业及科研机构承担有关国家疫情应急科研攻关项目，按照国家实际到位经费的一定比例，给予财政资金配套支持。另外，加大对5G、人工智能等新兴技术在疫情防控、远程办公、无人物流等领域的研发财政支持力度，对疫情期间相关企业的研发投入增量或新技术、新产品给予一定研发补贴。

加大“新基建”投资力度，推动大项目建设。“新基建”是经济未来发展的短板，既能短期刺激有效需求，又能长期增加有效供给，叠加我国具有5G基站建设、工业互联网等相关产业资源优势，可结合中央经济工作会议战略部署的重大项目，鼓励各地方提前制定“新基建”重点项目清单，重点改造基于互联网的教育、医疗等网络硬件平台，加快“新基建”建设步伐，夯实产业基础，加快转型升级。

大力扶持中小微企业，重在降低企业成本。可考虑安排政府特别预算，增发疫情专项债2万亿～3万亿元，成立疫情专项基金，主要用于帮扶受疫情影响较大的中小微企业。进一步降低存款准备金和基准利率，增加流动性释放，降低融资成本，帮助中小微企业渡过难关。对受疫情影响较大的中小微企业，提供优惠利率贷款，再给予50%财政贴息。加大中小微企业融资担保降费奖补政策的力度，推动金融机构将新申请中小微企业贷款的融资担保费率降至每年不超过0.5%，再将担保费率减半。鼓励互联网巨头运用云计算等信息技术，重点为中小微企业免费或低价提供在线办公、在线学习等，帮扶中小微企业共渡难关。

拓展国外市场，进一步优化全球产业链布局。一方面，通过税收、信贷等优惠政策，引导和鼓励医用物资生产企业特别是民营企业走出国门，扩大产品出口，积极开拓医用物资海外新市场。另一方面，推动与更多国家商签高标准自贸协定和区域自贸协定，继续培育一批国家外贸转型升级基地、国家级进口贸易促进创新的示范区，运用财政补贴、税收减免、贸易融资、出口信保等手段，鼓励企业开展航空维修、船舶维修、医疗器械维修、风电维修等加工贸易保税维修再制造，以及跨境电子商务、市场采购贸易、外贸综合服务企业等新业态，积极开拓多元化市场，优化国际市场布局。

参 考 文 献

1 吕薇，盛朝迅，徐华亮. 以创新引领制造业高质量发展[J]. 商业文化，2019，（23）.

2 马中东，王肖利. 团体标准推进我国制造业高质量发展的对策分析[J]. 中国标准化，2018（17）：91-95.

3 田思倩. 浅析中央与地方政府间事权与支出责任的划分[J]. 商，2015（27）：233-234.

4 邢学杰. 促进中国对外贸易稳健发展的路径研究[J]. 中国发展，2019，19（1）.

5 刘洪钟，杨攻研. 新兴经济体的崛起与世界经济格局的变革[J]. 经济学家，2012，1（1）：81-88.

6 WANG J. Geopolitics, Discursive Power and International Law-Making behind the One-Belt-One-Road Initiative[J]. China Law Review, 2016（2）：39-45.

7 刘钊. 现代产业体系的内涵与特征[J]. 山东社会科学，2011，（5）：160-162.

8 张小兵. 论生产性服务业与制造业的互动和融合[D]. 南昌：南昌大学，2008.

9 米建国，李建伟. 我国金融发展与经济增长关系的理论思考与实证分析[J]. 管理世界，2002（4）：23-30.

10 徐玉莲. 区域科技创新与科技金融协同发展模式与机制研究[D]. 哈尔滨：哈尔滨理工大学，2012.

11 王耕，王志庆. 战略成本管理在国有制造业企业中应用的探索——兼论作业成本法[J]. 会计研究，2000（9）：49-53.

12 潘英丽. 论金融中心形成的微观基础[J]. 上海财经大学学报，2003，（2）：49-57.

13 袁学国，邹平，朱军，等. 我国冷链物流业发展态势，问题与对策[J]. 中国农业科技导报，2015，17（1）：7-14.

14 顾乃华，毕斗斗，任旺兵. 中国转型期生产性服务业发展与制造业竞争力关系研究[J]. 中国工业经济，2006，（9）：14-21.

15 张伟东，王超贤，孙克. 探索制造业数字化转型的新路径[J]. 信息通信技术与政策，2019，45（9）：31.

16 高歌. 德国“工业 4.0”对我国制造业创新发展的启示[J]. 中国特色社会主义研究，2017，4（2）：41-47.

17 吕鹏，刘学. 如何提升市场信心：企业家能力与营商环境获得感的效应分析[J]. 社会学评论，2020，8（5）：61-73.

18 刘伟. 经济新常态与供给侧结构性改革[J]. 管理世界，2016，（7）：1-9.

19 高栋. 小微企业税收优惠政策研究[D]. 济南：山东财经大学，2018.

20 张斌. 增强中国经济韧性的宏观经济对策组合[J]. 清华金融评论，2019（8）：51-54.

21 崔云. 中国经济增长中土地资源的“尾效”分析[J]. 经济理论与经济管理，2007（11）：32.

22 李本. WTO 框架下的补贴与反补贴协定研究[D]. 上海：华东政法大学，2004.

23 刘敬东. 浅析 WTO 未来之路——WTO 改革动向及思考[J]. 法学杂志，2013，34（4）：87-94.

24 刘顺. WTO 政府采购协议与中国对策[D]. 天津：南开大学，2007.

25 陈旭东，杨硕，周煜皓. 政府引导基金与区域企业创新——基于“政府+市场”模式的有效性分析[J]. 山西财经大学学报，2020（11).

26 滕民州，叶霖. 思维模型对解答《经济生活》主观题的作用——以波特钻石模型为例[J]. 教学考试，2020（34）：4.

27 袁彩微，付勇. 工业化和信息化融合影响产业转型升级的文献综述[J]. 广西质量监督导报，2018，216（12）：73.

28 郝鑫. 试论按生产要素分配与我国收入分配制度改革[D]. 厦门：厦门大学，2007.

29 刘则渊. 马克思主义科学技术观的新发展——关于“科学技术是第一生产力”的原理[J]. 自然辩证法研究，1992（1）：5-11+71.

30 殷如宏. 试论按生产要素分配原则在不同社会中的表现[J]. 扬州教育学院学报，2004（2）：27-30.

31 余佳群，徐新茹，赵立敏，等. 辽宁省制造业高质量发展的现状与对策分析[J]. 商业经济，2021（3）：64-65+82.

32 张文会，乔宝华. 构建我国制造业高质量发展指标体系的几点思考[J]. 工业经济论坛，2018，05（4）：27-32.

33 孔春蕾. 我国制造业转型升级的税收政策优化研究[D]. 上海：上海海关学院，2019.

34 刘曦. 发达国家装备制造业发展特点及经验启示[J]. 特区经济，2011（10）：91-93.

35 孙虹，俞会新. 从发展阶段划分看中国经济与发达国家的差距[J]. 学术交流，2019 （9）：126-136.

36 杨丽. 政府采购促进中小企业发展的对策研究[J]. 科学学与科学技术管理，2012（2）：131-137.

37 曾宪奎. 当前阶段我国实现高质量发展面临的挑战与应对措施[J]. 经济研究参考，2020，2951（7）：19-28.

38 李晟华. 促进我国中小企业发展的财税政策创新研究[D]. 杭州：浙江大学，2005.

39 刘晓艳. Role allocation of the supervisors of fund corporations[J]. 经济理论与经济管理，2002（2）：46-49.

40 安原. 政府支持对战略性新兴产业创新能力影响的实证分析——基于中关村海淀园企业微观数据[D]. 北京：对外经济贸易大学，2018.

41 李珊珊. 促进中小企业自主创新的财税政策研究[D]. 长沙：湖南大学，2007.

42 李真，李茂林，陈天明. 中国制造业的中间品依赖与出口贸易——基于中美贸易摩擦历史背景的分析[J]. 财经科学，2021（6）：14.

43 龚勤林. 区域产业链研究[D]. 成都：四川大学，2004.

44 胡迟. 中国制造业发展 70 年：历史成就，现实差距与路径选择[J]. 经济研究参考，2019（17）：5-21.

45 宋力昕. 关于“卡脖子”技术问题的思考[J]. 科学与社会，2020，10（4）：3.

46 谢雨奇，张淑翠. 强化制造业产业链现代化的财税政策[J]. 工信财经科技（3）：9.

47 周维富. 把推动制造业高质量发展作为稳增长的重要依托[J]. 中国战略新兴产业，2019（13）：96-96.

48 龚永林. 尽早掌握高性能基材技术[J]. 印制电路信息，2018，313（8）：3.

49 董坤祥，谢宗晓，甄杰. 政产学研协同下信息安全产业体系构建与发展路径研究[J]. 青岛农业大学学报：社会科学版，2019，31（1）：48-55.

50 姜桂兴，程如烟. 我国与主要创新型国家基础研究投入比较研究[J]. 世界科技研究与发展，2018，40（6）：4-15.

51 张通. 突破创新瓶颈 振兴先进制造业 2017 国家制造强国建设专家论坛在北京召开[J]. 中国工业评论，2017，7（176）：30-32.

52 孙雨溪. 我国跨境电商中零售商品的进口税收制度及影响分析[D]. 上海：上海海关学院，2018.

53 熊鸿儒. 增强自主创新能力的财税政策研究[D]. 厦门：集美大学，2007.

54 杨志宇. 2018 年半导体制造设备销售额预期将达 627 亿美元[J]. 现代材料动态，2019（2）：11-12.

55 李慧燕，刘洪银. 制造业创新中心建设难点剖析[J]. 合作经济与科技，2018，595（20）：14-15.

56 梁鑫. 个人商业养老年金保险税收激励研究[D]. 成都：西南财经大学，2014.

57 郝芳. 工业企业节能减排的税收政策研究——以河北省为例[D]. 石家庄：河北经贸大学，2012.

58 李敏. 地方政府融资平台的改革路径研究：以上海市 M、J 两家融资平台为例[D]. 上海：上海交通大学，2015.

59 孙早，梁晓辉，许薛璐. 新一轮技术革命与工业化国家的工业再升级战略[J]. 审计与经济研究，2016，168（2）：91-99.

60 罗亮. “网络融合”趋势下电信业市场结构、商业模式与公共政策的经济分析[D]. 南京：东南大学，2005.

61 赵慧芝. 实行汇总纳税的电信企业总机构及分支机构应当如何分别申报缴纳增值税[J]. 纳税，2014（10）：42-43.

62 河南省社科联课题组，王喜成. 创新驱动是经济高质量发展的内在要求和必然选择[J]. 黄河科技学院学报，2020，116（4）：67-72.

63 张明哲，雷鹏，高鑫. 绿色金融支持雄安新区绿色发展路径[J]. 河北金融，2019（6）：18-23.

64 叶卫文. 浅谈机械制造过程中绿色制造技术的应用[J]. 南方农机，2017，23：89-90.

65 潘欢. 我国环境保护税征管问题研究[D]. 重庆：西南政法大学，2019.

66 郭艳，吴卫华. 浅谈粤港澳大湾区技术创新协同效应[J]. 产业创新研究，2021（15）：3.

67 滕静，刘尊文. 加强政府导向作用 积极引导绿色生产与消费[J]. 环境工作通讯，2002 （3）：36-37.

68 汤敏. 环境保护税的技术创新效应研究[D]. 南昌：江西财经大学，2020.

69 田金莹. 环境保护税实施过程中的问题及对策研究[D]. 大连：大连理工大学，2018.

70 赵世萍. 完善生态环境保护财税政策的建议[J]. 时代金融，2017（36）：179-180.

71 俞文源. 财政资金扶持企业发展存在的几个问题及对策[J]. 财会研究，2013（11）：5-7.

72 朱立锋. 工业互联网是加快制造业数字化转型的重要引擎[J]. 企业党建，2020（9）：2.

73 魏冬，袁雅莉，张娜. 加强金融风险和地方债务风险防控研究[J]. 教育（文摘版），2017.

74 程光军. 先进制造业增值税留抵退税政策再放宽[J]. 税收征纳，2020（1）：2.

75 刘建民，唐红李，杨婷婷. 增值税税负如何影响制造业企业升级？——来自中国上市公司的证据[J]. 财经论丛，2020 （6）：21-30.

76 罗烽明. 完善我国增值税留抵退税制度的研究[D]. 蚌埠：安徽财经大学，2019.

77 李延喜，张波涛，包世泽，等. 所得税优惠与中国上市公司的财务保守行为[J]. 管理科学，2008，21（3）：104-115.

78 陶可. 研发费用加计扣除政策对企业研发投入的影响[D]. 杭州：浙江财经大学，2019.

79 崔昆峰. 完善我国集成电路产业税收优惠政策研究[D]. 上海：上海海关学院，2016.

80 张兴隆. 我国发展低碳经济的财税政策研究[D]. 北京：中国财政科学研究院，2009.

81 邓毅. 政府采购公共政策目标和传导机制研究——兼谈支持自主创新的政府采购政策[J]. 财政研究，2007（9）：51-53.

82 李炳鉴. 积极推进政府采购制改革的健康发展——兼述《政府采购管理暂行办法》的发布和施行[J]. 预算管理与会计，1999（9）：46-48.

83 李彬，曹沫. 限额以下的工程政府采购探讨[J]. 中国政府采购，2008（8）：55-55.

84 夏烨. 完善政府采购监督机制的若干建议[J]. 经济研究参考，2002（74）：19-22.

85 郝荣亮. 善用产业投资基金 加快制造业转型[J]. 中国中小企业，2017（4）：62-63.

86 章金平. 地方政府创业投资引导基金的发展与管理策略研究——结合安徽省政府创业投资引导基金的分析[D]. 合肥：安徽大学，2010.

87 赵彩凤，唐晓来，庄光宾，等. 浅论中国从制造大国向制造强国的迈进[J]. 当代旅游，2018（10）：1-1.

88 李娇，毛艳. 从比较优势向竞争优势转变——论我国对外贸易发展方向[J]. 辽宁工业大学学报（社会科学版），2006，8（2）：26-29.

89 杨茂林，常瑞. 把握经济发展规律 推动高质量转型发展[J]. 前进，2020(2)：33-35.

90 朱芷娴. 助推经济高质量发展提升我国科技创新能力探析[J]. 科技经济市场，2019（4）：1-3.

91 潘红雨. 财务制度新思考——基于中国人民银行财务制度[J]. 财政监督，2011（4）：43-43.

92 徐凯舟，李杨，谢振忠. 我国保险资金支持制造业发展的做法、问题和建议[J]. 科技中国，2020（5）：2.

93 俱生，王亮. 要重视对垂直管理部门的监督管理[J]. 中国监察，2001（19）：52.

94 高金平. 增值税 消费税 营业税 新条例细则解析——增值税新条例：关注政策调整 把握八大要点[J]. 中国税务，2009 （2）：4-6.

95 吴勇毅. 领跑全球 中国正式迈进 5G 商用元年[J]. 上海信息化，2019（8).

96 李萌萌. 营改增对电信业的影响及应对策略[J]. 河北企业，2015 （4）：25-25.

97 蔡晓程. 浅谈增值税增量留底退税对管理型企业的影响[J]. 交通财会，2021(8)：62-65.

98 夏友富，何宁. 推动我国装备制造业迈向全球价值链中高端的机制、路径与对策[J]. 经济纵横，2018（4）：56-62.

99 刘金周. 发展工业设计产业推动传统制造业转型升级[J]. 决策与信息旬刊，2013（2）：147-148.

100 刘飞平，刘秋蕊. 电子竞技与区域科技创新产业融合发展的战略思考[C]. 第十一届全国体育科学大会，2019.

101 罗鸣令，吴欣. 税收支持人工智能发展的机理分析与政策选择[J]. 税务研究，2018（8）：76-79.

102 金中夏. 让市场在资金配置方面发挥决定性作用[J]. 中国金融，2014（1）：20-20.

103 胡庆明. 我国 2020 年前将分阶段退出新能源车补贴[J]. 石油石化节能，2018，8（2）：38.

104 姚曦. 国际补贴规则的新动向及中国改革建议[J]. 东北师大学报（哲学社会科学版），2019（6).

105 南海燕. 禁止性补贴对 WTO 发展中成员方的影响——以国家责任为视角[C]. 2008 全国博士生学术论坛，2008.

106 宋淇，王建国. 政府采购对高新技术制造业企业创新绩效的影响[J]. 时代金融，2019，750（32）：112-114.

107 曹富国，周芬. 政府采购法的国际化：从 GPA 到 TPP[J]. 中国政府采购，2015，174（11）：67-71.

108 刘栩畅. 加入 WTO《政府采购协议》背景下我国相关制度面临的挑战和应对建议[J]. 中国经贸导刊，2021（2）：3.

109 李威暨，赵晓慧. 河北省第四批“专精特新”中小企业开始认定[C]. 河北省廊坊市应用经济学会，2019.

110 郑继萌. 制度趋于完善 创投引导基金驶入“规范”航道[J]. 福建质量管理，2008（增刊 2）：40-42.

111 马卜. 政府引导基金性质及资产处置的探讨[J]. 国有资产管理，2020，354(9)：49-51.

112 李琛，李喜洲. 区域联动采购存在的问题及对策建议[J]. 中国政府采购，2014（12）：56-57.

113 张强. 研发补贴对企业新产品的影响分析[J]. 经营与管理，2015（10）：118-121.

114 綦成元. 大力推进电子商务在经济社会发展中发挥积极作用[J]. 中国经贸导刊，2014（28）：30-31.

115 汪德华，张彬斌. "十四五"时期我国财政运行的宏观经济环境及基本定位[J]. 工信财经科技，2021（2）：8-25.

116 江飞涛，陈强远，王益敏，等. 财政补贴与企业技术创新——来自医疗医药行业文本分析的证据[J]. 经济管理，2021，43（12).

117 迈克尔 • 波特. 国家竞争优势（上）[M]. 李明轩，邱如美，译. 北京：中信出版社，2012.

118 杨耀武，张平. 中国经济高质量发展的逻辑、测度与治理[J]. 经济研究，2021（1）：26-42.

119 郑世林，张美晨. 科技进步对中国经济增长的贡献率估计：1990—2017 年[J]. 世界经济，2019.

120 习近平. 决胜全面建成小康社会 夺取新时代中国特色社会主义伟大胜利——在中国共产党第十九次全国代表大会上的报告. 北京：人民出版社，2017.

121 盛朝迅. 推进我国产业链现代化的思路与方略[J]. 改革，2019（10）：45-56.

附录 A

保障制造业高质量发展的财税政策及传导关系汇总表

第一类：支持创新优质的财税政策

支持创新优质的财税政策如表 A-1 所示。

表 A-1　支持创新优质的财税政策

存在的问题	（1）研发投入总体不足，需要财税政策引导与支持；（2）政策较为笼统，落地层面的财税政策不足；（3）对创新人才的关注不足，相关财税政策较少；（4）科技成果转化的财税政策较少，成果落地的“最后一公里”有待疏通；（5）缺乏对基础研发的针对性优惠；（6）增值税留抵退税力度不足；（7）引导基金作用发挥不足，地方政府产业基金投资利用率不高，缺乏对产业新型配套基建的关注；（8）制造业税负仍有下降空间；（9）对质量、共性技术等基础能力关注不足；（10）缺乏应用支撑；（11）缺乏以“数据”为中间目标的传导路径
对策建议	（1）增加鼓励企业加大研发投入力度的财政政策；（2）围绕关键领域出台“对症下药”的财税政策，但要注意 WTO 等国际规则合规；（3）出台更多人才相关的财税政策，尤其是加大对科技型人才的激励力度；（4）出台科技成果转化相关财税政策，打通“研发-转移转化-应用”的创新链；（5）加大政府采购对国产化产品支持；（6）加大增值税留抵退税政策力度；适时推动增值税三档并两档改革，择机下调企业所得税税率；（7）优化政府引导基金投资方向与管理制度；（8）进一步提高研发费用加计扣除比例；（9）鼓励地方政府产业基金参与当地产业技改投资与新型基础设施建设；（10）加强制造业质量、共性技术等基础能力建设，补齐短板；（11）以“数据”为中间目标，出台促进创新优质的财税政策

续表

序号	政策名称	文号	中间目标	最终目标	政策内容
1	国家高技术研究发展计划项目	专项计划	技术	创新优质	“863 计划”重点落实《国家中长期科学和技术发展规划纲要（2006—2020 年）》提出的前沿技术研究任务和部分重点领域中的重大研究任务。863 计划经费由中央财政专项拨款支持
2	国家科技支撑计划项目	专项计划	技术	创新优质	国家科技支撑计划，以重大工艺技术及产业共性技术研究开发与产业化应用示范为重点，主要解决综合性、跨行业、跨地区的重大科技问题
3	战略性新兴产业发展专项资金	专项计划	技术	创新优质	高端装备制造是战略新兴产业的重点领域之一，专项资金用于产业重大关键技术突破、产业创新发展
4	国家重点产业振兴和技术改造专项资金	专项计划	技术	创新优质	国家设立重点产业振兴和技术改造专项资金，用于支持重点产业振兴和技术改造项目，涉及钢铁、石化、建材、装备制造、纺织、轻工、食品、医药、电子信息等重点行业
5	国家重大科技成果转化项目	专项计划	技术	创新优质	资金补助为促进产学研一体化，加快科技成果向现实生产力转化，支持战略性新兴产业发展，推进产业结构调整和经济发展方式转变，财政部、工业和信息化部联合组织国家重大科技成果转化工作，对重大科技成果转化予以资金补助
6	技术改造专项资金贷款贴息	专项计划	技术	创新优质	2009 年，相继出台了装备制造业、汽车、钢铁、和电子信息等十大重点产业振兴规划，以贷款贴息的方式鼓励企业进行技术改造
7	《关于印发制造业单项冠军企业培育提升专项行动实施方案的通知》	工信部产业〔2016〕6 号	技术	创新优质	单项冠军评选
8	关于开展专精特新“小巨人”企业培育工作的通知	工信厅企业函〔2018〕381 号	技术	创新优质	专精特新“小巨人”企业的主导产品应符合《工业“四基”发展目录》所列重点领域

续表

序号	政策名称	文号	中间目标	最终目标	政策内容
9	《关于加强国家重点实验室建设发展的若干意见》	国科发基〔2018〕64号	技术	创新优质	中央财政稳定支持国家研究中心和学科等国家重点实验室的运行和能力建设。积极鼓励国家研究中心和学科国家重点实验室牵头承担国家重大研发任务。坚持多元化投入，推动实验室依托单位、主管部门和地方政府加大对实验室建设发展投入力度。通过政府引导、税收杠杆方式，激励企业和社会力量加大基础研究投入
10	国家重点基础研究发展计划	专项计划	技术	创新优质	装备制造是“973计划”支持的重点领域之一，有力推动了数控机床、集成电路、基础铸件等装备制造领域中的基础性研究
11	国家电子专用设备仪器、新型电子元器件及材料产业化专项	专项计划	技术	创新优质	国家发展改革委设立电子专用设备仪器、新型电子元器件及材料产业化专项
12	《关于提高研究开发费用税前加计扣除比例的通知》	财税〔2018〕99号	技术	创新优质	企业研发费用加计扣除比例提高到75%的政策由科技型中小企业扩大至所有企业
13	《关于企业委托境外研究开发费用税前加计扣除有关政策问题的通知》	财税〔2018〕64号	技术	创新优质	委托境外进行研发活动所发生的费用，按照费用实际发生额的80%计入委托方的委托境外研发费用。委托境外研发费用不超过境内符合条件的研发费用三分之二的部分，可以按规定在企业所得税前加计扣除
14	《中华人民共和国企业所得税法实施条例》	中华人民共和国国务院令第512号	技术	创新优质	第八十六条：居民企业技术转让所得≤500万元，免征；>500万元的部分，减半征收。第二十七条：企业的下列所得，可以免征、减征企业所得税：从事农、林、牧、渔业项目的所得
15	《关于将服务贸易创新发展试点地区技术先进型服务企业所得税政策推广至全国实施的通知》	财税〔2018〕44号	技术	创新优质	从事国家重点扶持的公共基础设施项目投资经营的所得；从事符合条件的环境保护、节能节水项目的所得；符合条件的技术转让所得

续表

序号	政策名称	文号	中间目标	最终目标	政策内容
16	《中华人民共和国企业所得税法》	第二十八条	技术	创新优质	自2018年1月1日起，对经认定的技术先进型服务企业，减按15%的税率征收
17	《关于集成电路设计和软件产业企业所得税政策的公告》	财政部税务总局公告2019年第68号	技术	创新优质	高新技术企业，减按15%的税率征收
18	《关于扶持新型显示器件产业发展有关进口税收政策的通知》	财税〔2016〕62号	技术	创新优质	进口符合国家规定的关键零部件及原材料，免征进口关税和进口环节增值税；对承担项目或者课题的企业进口国外的关键设备、零部件、原材料，免征进口关税和进口环节增值税
19	《财政部 国家税务总局科学技术部关于完善研究开发费用税前加计扣除政策的通知》	财税〔2015〕119号	技术	创新优质	企业符合规定的研发费用加计扣除条件而在2016年1月1日以后未及时享受该项税收优惠的，可以追溯享受并履行备案手续，追溯期限最长为3年
20	《财政部 国家税务总局关于延长高新技术企业和科技型中小企业亏损结转年限的通知》	财税〔2018〕76号	技术	创新优质	高新技术企业和科技型中小企业自2018年1月1日起，亏损结转年限由5年延长至10年
21	《关于提高科技型中小企业研究开发费用税前加计扣除比例的通知》	财税〔2017〕34号	技术	创新优质	科技型中小企业开展研发活动中实际发生的研发费用，未形成无形资产计入当期损益的，在按规定据实扣除的基础上，在2017年1月1日至2019年12月31日期间，再按照实际发生额的75%在税前加计扣除；形成无形资产的，在上述期间按照无形资产成本的175%在税前摊销
22	《财政部 国家税务总局关于促进企业技术进步有关财务税收问题的通知》	财工字〔1996〕41号	技术	创新优质	国有、集体工业企业研究开发新产品、新技术、新工艺所发生的各项费用，增长幅度在10%以上的，经主管税务机关审核批准，可再按实际发生额的50%扣除应税所得额

续表

序号	政策名称	文号	中间目标	最终目标	政策内容
23	《关于扩大企业技术开发费加计扣除政策适用范围的通知》	财税〔2003〕244 号	技术	创新优质	将享受研发费用加计扣除的主体从国有、集体工业企业扩大到所有财务核算制度健全、实行查账征收所得税的各种所有制工业企业
24	《关于企业技术创新有关企业所得税优惠政策的通知》	财税〔2006〕88 号	技术	创新优质	在工业企业基础上，扩大到财务核算制度健全、实行查账征税的内外资企业、科研机构和大专院校等
25	《企业研究开发费用税前扣除管理办法（试行）》	国税发〔2008〕116 号	技术	创新优质	明确新旧税法衔接问题：“企业技术开发费用加计扣除部分已形成企业年度亏损，可以用于以后年度所得弥补，但结转年限最长不得超过 5 年”
26	《关于研究开发费用税前加计扣除有关政策问题的通知》	财税〔2013〕70 号	技术	创新优质	在总结中关村国家自主创新示范区试点经验的基础上，将扩大研发费用加计扣除范围试点政策推广到全国
27	《关于企业研发费用加计扣除政策有关问题的公告》	国家税务总局 2015 年第 97 号	技术	创新优质	简化了研发费用在税务处理中的归集、核算及备案管理，进一步降低企业享受优惠的门槛
28	《关于印发〈科技型中小企业评价办法〉的通知》	国科发政〔2017〕115 号	技术	创新优质	明确了科技型中小企业评价标准和程序
29	《关于促进企业技术进步有关财务税收问题的通知》	财工字〔1996〕41 号	技术	创新优质	电子生产企业、船舶工业企业、生产“母机”的机械企业、飞机制造企业、汽车制造企业、化工生产企业、医药生产企业和经财政部批准的企业其机器设备可以根据技术改造规划和承受能力，在法规的折旧年限区间内，选择较短的折旧年限
30	《关于进一步鼓励软件产业和集成电路产业发展企业所得税政策的通知》	财税〔2012〕27 号	技术	创新优质	企业外购的软件，凡符合条件的，可按照固定资产或无形资产进行核算，其折旧或摊销年限可以适当缩短；集成电路生产企业的生产设备，其折旧年限可以适当缩短

续表

序号	政策名称	文号	中间目标	最终目标	政策内容
31	《关于印发制造业创新中心等 5 大工程实施指南的通知》	无	技术	创新优质	（1）落实支持创新的税收优惠政策。创新中心首次商业化的技术装备列入《首台（套）重大技术装备推广应用指导目录》的，通过首台（套）重大技术装备保险补偿政策，支持应用推广。对涉及科技研发相关内容，如确需中央财政支持的，应通过优化整合后的中央财政科技计划（专项、基金等）统筹考虑予以支持。（2）利用现有资金渠道，重点支持技术创新基础设施和公共实验平台建设、中试生产线及设备、产业共性技术开发和标准制定、人才培养和引进等。鼓励银行在风险可控条件下加大对创新中心的信贷支持力度。研究发行支持创新中心直接融资的创新债券品种。（3）发挥先进制造产业投资基金、国家新兴产业创业投资引导基金等作用，鼓励建立按市场化方式运作的各类高端装备创新发展基金。加大专项建设基金支持力度，促进高端装备企业融资、规模化发展
32	《2018—2019 年中央国家机关信息类产品（硬件）和空调产品协议供货采购项目中标公告》	采购公告	技术	创新优质	中央国家机关政府采购中心公布了 2018—2019 年中央国家机关信息类产品协议采购项目中标结果，搭载龙芯处理器的近 16 款桌面计算机/服务器产品成功入围
33	《关于企业职工教育经费税前扣除政策的通知》	财税〔2018〕51 号	人才	创新优质	企业职工教育经费支出不超过工资薪金总额 8%的，准予计算应纳税所得额时扣除；超过部分，准予以后纳税年度结转扣除
34	《关于科技人员取得职务科技成果转化现金奖励有关个人所得税政策的通知》	财税〔2018〕58 号	人才	创新优质	科技人员从职务科技成果转化收入中获得的现金奖励，可减按 50%计入当月“工资薪酬所得”
35	《关于推动小型微型企业创业创新基地发展的指导意见》	工信部联企业〔2016〕394 号	制度	创新优质	（1）引导银行、投资机构、中小企业信用担保机构与入驻小微企业对接。引导和鼓励有条件的小微企业双创基地直接设立或引入专业股权投资基金，构建与创业创新相协调的资金链。（2）将小微企业双创基地建设和发展与现行支持政策做好衔接，统筹现有资金渠道，探索 PPP、政府购买服务等模式支持小微企业双创基地基础设施改造、信息化建设、服务能力提升，以及对厂房场地租金予以补助，对优秀小微企业双创基地予以奖励。（3）切实落实创业孵化器税收优惠政策。小微企业双创基地符合科技企业孵化器、大学科技园税收政策条件的，可享受有关税收优惠

续表

序号	政策名称	文号	中间目标	最终目标	政策内容
36	《关于大力推进大众创业万众创新若干政策措施的意见》	国发〔2015〕32号	制度	创新优质	（1）加大财政资金支持和统筹力度。各级财政要根据创业创新需要，统筹安排各类支持小微企业和创业创新的资金，加大对创业创新支持力度，强化资金预算执行和监管，加强资金使用绩效评价。支持有条件的地方政府设立创业基金，扶持创业创新发展。在确保公平竞争前提下，鼓励对众创空间等孵化机构的办公用房、用水、用能、网络等软硬件设施给予适当优惠，减轻创业者负担。（2）完善普惠性税收措施。落实扶持小微企业发展的各项税收优惠政策。落实科技企业孵化器、大学科技园、研发费用加计扣除、固定资产加速折旧等税收优惠政策。对符合条件的众创空间等新型孵化机构适用科技企业孵化器税收优惠政策。按照税制改革方向和要求，对包括天使投资在内的投向种子期、初创期等创新活动的投资，统筹研究相关税收支持政策。修订完善高新技术企业认定办法，完善创业投资企业享受70%应纳税所得额税收抵免政策。抓紧推广中关村国家自主创新示范区税收试点政策，将企业转增股本分期缴纳个人所得税试点政策、股权奖励分期缴纳个人所得税试点政策推广至全国范围。落实促进高校毕业生、残疾人、退役军人、登记失业人员等创业就业税收政策。（3）发挥政府采购支持作用。完善促进中小企业发展的政府采购政策，加强对采购单位的政策指导和监督检查，督促采购单位改进采购计划编制和项目预留管理，增强政策对小微企业发展的支持效果。加大创新产品和服务的采购力度，把政府采购与支持创业发展紧密结合起来
37	国务院印发《国家中长期科学和技术发展规划纲要（2006—2020年）》	国发〔2005〕44号	制度	创新优质	对符合先进技术发展，由国内企业或科研机构生产研发的试制品以及首次投入市场的产品，经认定，将由政府进行首批购买，从而扩大先进技术产品的市场需求。对政府采购的形式进行了规定，单项或批量采购价值一次达 200 万元以上的，必须采用公开招标方式

续表

序号	政策名称	文号	中间目标	最终目标	政策内容
38	《关于创业投资企业和天使投资个人有关税收政策的通知》	财税〔2018〕55 号	资本	创新优质	（1）公司制创业投资企业、有限合伙制创业投资企业采取股权投资方式直接投资于种子期、初创期科技型企业（以下简称“初创科技型企业”）满 2 年（24 个月，下同）的，可以按照投资额的 70%在股权持有满 2 年的当年抵扣该投资企业的应纳税所得额；当年不足抵扣的，可以在以后纳税年度结转抵扣。（2）天使投资个人采取股权投资方式直接投资于初创科技型企业满2年的，可以按照投资额的70%抵扣转让该初创科技型企业股权取得的应纳税所得额；当期不足抵扣的，可以在以后取得转让该初创科技型企业股权的应纳税所得额时结转抵扣。天使投资个人投资多个初创科技型企业的，对其中办理注销清算的初创科技型企业，天使投资个人对其投资额的 70%尚未抵扣完的，可自注销清算之日起 36 个月内抵扣天使投资个人转让其他初创科技型企业股权取得的应纳税所得额
39	《关于印发〈企业所得税税前扣除办法〉的通知》	国税发〔2000〕84 号	资本	创新优质	促进科技进步、环境保护和国家鼓励投资的关键设备，以及常年处于震动、超强度使用或受酸、碱等强烈腐蚀状态的机器设备、确需缩短折旧年限或采取加速折旧方法，由纳税人提出申请，经当地主管税务机关审核后，逐级报国家税务总局批准
40	《关于下放管理的固定资产加速折旧审批项目后续管理工作的通知》	国税发〔2003〕113 号	资本	创新优质	允许证券公司电子类设备、集成电路生产企业的生产性设备、外购的达到固定资产标准或构成无形资产的软件进行加速折旧。不允许缩短折旧年限，需采用余额递减法或年数总和法
41	《关于印发〈政府出资产业投资基金管理暂行办法〉的通知》	发改财金规〔2016〕2800 号	资本	创新优质	政府出资产业投资基金应主要投资于非基本公共服务领域、基础设施领域、住房保障领域、生态环境领域、区域发展领域、战略性新兴产业和先进制造业领域、创业创新领域
42	《关于调整重大技术装备进口税收政策的通知》	财关税〔2009〕55 号	技术	创新优质、安全开放	自 2018 年 9 月 15 日起，提高机电、文化等产品出口退税率，不同程度地提高钢铁、有色金属、金属制品、机械零部件等上百种产品。自 2018 年 11 月 1 日起，上调出口退税率，将部分金属制品等产品出口退税率提高至 13%；原出口退税率为 15%的，提高至 16%；原出口退税率为 9%的，提高至 10%；原出口退税率为 5%的，提高至 6%

续表

序号	政策名称	文号	中间目标	最终目标	政策内容
43	《关于科技重大专项进口税收政策的通知》	财关税〔2010〕28号	技术	创新优质、安全开放	进口符合国家规定的关键零部件及原材料，免征进口关税和进口环节增值税；对承担项目或者课题的企业进口国外的关键设备、零部件、原材料，免征进口关税和进口环节增值税；进口符合国家规定的关键零部件及原材料，免征进口关税和进口环节增值税；对承担项目或者课题的企业进口国外的关键设备、零部件、原材料，免征进口关税和进口环节增值税
44	《关于创业投资引导基金规范设立与运作的指导意见》	国办发〔2008〕116号	资本	创新优质、安全开放	创业投资引导基金规范设立与运作
45	《关于加强地方预算执行管理激活财政存量资金的通知》	财预〔2013〕285号	资本	创新优质、安全开放	拉开了财政资金整顿的序幕
46	《关于进一步做好盘活财政存量资金工作的通知》	国办发〔2014〕70号	资本	创新优质、安全开放	刺激资金投入，进一步做好盘活财政存量资金
47	《关于推进地方盘活财政存量资金有关事项的通知》	财预〔2015〕15号	资本	创新优质、安全开放	推进地方盘活财政存量资金
48	《关于盘活中央部门存量资金的通知》	财预〔2015〕23号	资本	创新优质、安全开放	盘活中央部门存量资金
49	《关于开展地方盘活财政存量资金有关情况专项检查的通知》	财监〔2015〕15号	资本	创新优质、安全开放	开展地方盘活财政存量资金有关情况专项检查，规范资金使用
50	《关于收回财政存量资金预算会计处理有关问题的通知》	财预〔2015〕81号	资本	创新优质、安全开放	开展地方盘活财政存量资金有关情况专项检查
51	政府引导基金（截至2019年9月底2000余支，10万亿元目标规模）	—	资本	创新优质、安全开放	据不完全统计，截至2019年9月底，我国政府引导基金累计建立2000余支，政府引导基金市场已达到10万亿元目标规模（含引导基金规模+子基金规模），已到位资金规模超4万亿元人民币。政府引导基金已成为政府扶持产业发展的重要工具

第二类：支持安全开放的财税政策

支持安全开放的财税政策存在的问题和对策建议如表 A-2 所示。

表 A-2　支持安全开放的财税政策存在的问题和对策建议

存在的问题	（1）缺乏对基础研发的针对性优惠；（2）缺乏应用支撑；（3）缺乏质量基础领域优惠政策；（4）缺乏以人才为中间目标的财税政策；（5）缺乏以数据为中间目标的财税政策
对策建议	（1）加大财政基础研发投入力度；（2）加大政府采购对国产化产品的支持；（3）加大质量基础扶持力度；（4）研究制定人才相关的财税政策，尤其是加大对安全开放型人才激励力度；（5）研究制定通过调节“数据”来促进制造业向安全开放方向发展的财税政策

支持安全开放的财税政策如表 A-3 所示。

表 A-3　支持安全开放的财税政策

序号	政策名称	文号	中间目标	最终目标	政策内容
1	外经贸发展专项资金	专项计划	技术	安全开放	对上年度进出口额低于 6500 万美元的企业及单位提升国际化经营能力提供支持
2	《关于调整新型显示器件及上游原材料零部件生产企业进口物资清单的通知》	财关税〔2018〕60 号	技术	安全开放	部分商品免征进口关税
3	《关于提高机电文化等产品出口退税率的通知》	财税〔2018〕93 号	技术	安全开放	自 2019 年 4 月 1 日起，试行增值税期末留抵税额退税制度。自 2019 年 6 月 1 日起，同时符合以下条件的部分先进制造业纳税人，可以自 2019 年 7 月及以后纳税申报期向主管税务机关申请退还增量留抵税额。以减轻这些企业资金压力，支持企业扩大投资，实现技术装备升级。试点企业进口自用设备（包括机器设备、基建物资和办公用品）时，暂免征收进口关税和进口环节增值税、消费税（以下简称“进口税收”）
4	《财政部　税务总局关于调整部分产品出口退税率的通知》	财税〔2018〕123 号	技术	安全开放	自 2018 年 9 月 15 日起，提高机电、文化等产品出口退税率，不同程度地提高钢铁、有色金属、金属制品、机械零部件等上百种产品。自 2018 年 11 月 1 日起，上调出口退税率，将部分金属制品等产品出口退税率提高至 13%；原出口退税率为 15%的，提高至 16%；原出口退税率为 9%的，提高至 10%；原出口退税率为 5%的，提高至 6%

续表

序号	政策名称	文号	中间目标	最终目标	政策内容
5	《关于在综合保税区推广增值税一般纳税人资格试点的公告》	国家税务总局公告 2019 年第 29 号	技术	安全开放	进口符合国家规定的关键零部件及原材料，免征进口关税和进口环节增值税；对承担项目或者课题的企业进口国外的关键设备、零部件、原材料，免征进口关税和进口环节增值税
6	关于引导企业创新管理提质增效的指导意见	工信部联产业〔2016〕245 号	制度	安全开放	严格环保、税收、质量等监督执法，加强国家强制性标准的制定和执行，加大企业产品标准自我声明公开力度，创造公平竞争的市场环境
7	《关于设备、器具扣除有关企业所得税政策的通知》	财税〔2018〕54 号	制度	安全开放	企业在 2018 年 1 月 1 日—2020 年 12 月 31 日期间新购进的设备、器具，单位价值不超过 500 万元的，允许一次性计入当期成本费用，不再分年度计算折旧
8	《关于进一步完善固定资产加速折旧企业所得税政策有关问题的公告》	国家税务总局公告 2015 年第 68 号	制度	安全开放	对轻工、纺织、机械、汽车等 4 个领域重点行业（以下简称“四个领域重点行业”）企业 2015 年 1 月 1 日后新购进的固定资产（包括自行建造，下同），允许缩短折旧年限或采取加速折旧方法
9	《关于深化增值税改革有关政策的公告》	财政部税务总局海关总署公告 2019 年第 39 号	制度	安全开放	依法成立且符合条件的集成电路设计企业和软件企业，在 2018 年 12 月 31 日前自获利年度起计算优惠期，第一年至第二年免征企业所得税，第三年至第五年按照 25%的法定税率减半征收企业所得税，并享受至期满为止。2019 年 4 月 1 日起，制造业增值税税率降为 13%
10	《关于进一步深入推进首台（套）重大技术装备保险补偿机制试点工作的通知》	财建〔2019〕225 号	资本	安全开放	中央财政对符合条件的投保企业按照实际投保费率不超过 3%及实际投保年度保费的 80%给予保险补偿。保险期间应连续不间断，保险补偿期间按保险期限据实核算，不超过 3 年
11	《关于印发〈重大技术装备进口税收政策管理办法〉的通知》	财关税〔2020〕2 号	资本	安全开放	对符合规定条件的企业及核电项目业主为生产国家支持发展的重大技术装备或产品而确有必要进口的部分关键零部件及原材料，免征关税和进口环节增值税
12	中外合资经营会计制度	财会〔1985〕16 号	资本	安全开放	合营企业由于特殊原因需要加速折旧和改变折旧计算方法的，应由企业提出申请，报经税务机关审核批准

第三类：支持绿色智慧的财税政策

支持绿色智慧的财税政策存在的问题和对策建议如表 A-4 所示。

表 A-4　支持绿色智慧的财税政策存在的问题和对策建议

存在的问题	（1）财政政策支持方式较为单一，主要通过政府补贴予以支持；（2）财政政策覆盖环节有待拓展，研发、回收等环节存在短板；（3）政府绿色采购机制不完善，政府采购作用较为有限；（4）环境保护税设计偏于保守，对环境污染的“加税”力度不足；（5）专门针对绿色制造的税收优惠政策较少，税收引导作用有限；（6）环境保护税的征管面临挑战，影响税收作用发挥；（7）缺乏以人才为中间目标的财税政策；（8）缺乏以数据为中间目标的财税政策
对策建议	（1）探索设立绿色制造政府投资基金，撬动更多社会资本投资绿色制造；（2）持续优化已出台的财政补贴机制，加强绿色制造技术研发、废弃电器电子产品回收等项目的资金支持；（3）健全政府绿色采购制度，扩大政府绿色采购范围，明确绿色采购预算目标；（4）积极发展绿色信贷、绿色债券、绿色基金等绿色金融，加强财税政策与绿色金融的协同联动；（5）完善绿色制造税收优惠政策，提高绿色制造研发加计扣除比例，对医疗废弃物处理设备给予企业所得税抵免优惠；（6）加大对环境污染的“加税”力度，扩大环境保护税征税范围和税率；（7）夯实财税政策施策基础，加快建设环境信息披露体系、培育第三方专业机构、深入应用新一代信息技术；（8）研究制定人才相关的财税政策，尤其是加大对绿色智慧型人才激励力度；（9）研究制定通过调节“数据”来促进制造业向绿色智慧发展的财税政策

支持绿色智慧的财税政策如表 A-5 所示。

表 A-5　支持绿色智慧的财税政策

序号	政策名称	文号	中间目标	最终目标	政策内容
1	《关于支持新能源公交车推广应用的通知》	财建〔2019〕213 号	技术	绿色智慧	从 2019 年开始，新能源公交车辆完成销售上牌后提前预拨部分资金，满足里程要求后可按程序申请清算。在普遍取消地方购置补贴的情况下，地方可继续对购置新能源公交车给予补贴支持
2	《关于调整完善新能源汽车推广应用财政补贴政策的通知》	财建〔2018〕18 号	技术	绿色智慧	从 2019 年开始，新能源公交车辆完成销售上牌后提前预拨部分资金，满足里程要求后可按程序申请清算。在普遍取消地方购置补贴的情况下，地方可继续对购置新能源公交车给予补贴支持
3	《2018 年工业转型升级资金工作指南》	工信厅联规〔2018〕36 号	技术	绿色智慧	根据《财政部 工业和信息化部关于组织开展绿色制造系统集成工作的通知》（财建〔2016〕797 号）要求，重点在机械、电子、化工、食品、纺织、家电、大型成套装备等行业，围绕绿色设计平台建设、绿色关键工艺突破、绿色供应链系统构建三个方向，推进绿色制造系统集成工作

续表

序号	政策名称	文号	中间目标	最终目标	政策内容
4	《关于申请首台(套)重大技术装备保费补贴资金等有关事项的通知》	财办建〔2016〕60号	技术	绿色智慧	申请列入《首台（套）重大技术装备推广应用指导目录》（以下简称《目录》）的重大技术装备产品原则上须具备的条件：（1）符合国家工业转型升级要求，且为当前国民经济建设和国家重大工程急需的装备产品；（2）节能、节材、环保效果突出，经济效益和社会效益显著；（3）首次进入市场推广阶段
5	《中央财政清洁生产专项资金管理暂行办法》	财建〔2009〕707号	技术	绿色智慧	（1）应用示范项目，指新技术推广前的产业化应用示范项目。重点支持对行业整体清洁生产水平影响较大、具有推广应用前景的共性、关键技术应用示范。示范技术应基本成熟，具备应用条件。（2）推广示范项目，指应用成熟的先进、适用清洁生产技术实施的重大技术改造项目。重点支持能够显著提升企业清洁生产水平的忠告非技术改造项目
6	关于《可再生能源发展专项资金管理暂行办法》的补充通知	财建〔2019〕298号	技术	绿色智慧	可再生能源发展专项资金支持农村水电增效扩容改造。可再生能源发展专项资金支持煤层气（煤矿瓦斯）、页岩气、致密气等非常规天然气开采利用
7	节能减排补助资金管理暂行办法	财建〔2015〕161号	技术	绿色智慧	对新能源车辆、充电桩、公交车运营、核心零部件、公共建筑节能改造等方面的补贴（含预拨）及奖励
8	《关于2016—2020年新能源汽车推广应用财政支持政策的通知》等系列政策	—	技术	绿色智慧	四部委在全国范围内开展新能源汽车推广应用工作，中央财政对购买新能源汽车给予补助，实行普惠制。新能源汽车生产企业应具备较强的研发、生产和推广能力，应向消费者提供良好的售后服务保障，免除消费者后顾之忧；纳入中央财政补助范围的新能源汽车产品应具备较好的技术性能和安全可靠性
9	《关于做好2019年绿色循环优质高效特色农业促进项目实施工作的通知》	农办计财〔2019〕22号	制度	绿色智慧	2019年选择优势特色主导产业发展基础好、提质增效潜力大、地方政府高度重视的省份实施推进，支持山西、吉林、江苏、江西、河南、湖北、湖南、海南、四川、宁夏10个省（自治区，以下简称“各省”）实施绿色循环优质高效特色农业促进项目。中央财政通过以奖代补方式对实施绿色循环优质高效特色农业促进项目予以补助

续表

序号	政策名称	文号	中间目标	最终目标	政策内容
10	关于发布《资源税征收管理规程》的公告、《资源税暂行条例实施细则》	国家税务总局公告 2018 年第 13 号	制度	绿色智慧	对金属矿、非金属矿及海盐等征收资源税，提高自然资源使用成本，以促进企业节约集约
11	《中华人民共和国环境保护税法》		制度	绿色智慧	自 2018 年 1 月 1 日起对直接向环境排放应税污染物的企业事业单位和其他生产经营者征收环境保护税，促进企业减少排污
12	《关于资源综合利用及其他产品增值税政策的通知》	财税〔2008〕156 号	制度	绿色智慧	对污水处理、垃圾处理、污泥处理处置及工业废气处理等劳务给予增值税即征即退优惠，提高企业处理处置污染物的积极性
13	《关于调整优化节能产品、环境标志产品政府采购执行机制的通知》	财库〔2019〕9 号	制度	绿色智慧	财政部又发布通知，要求完善政府绿色采购政策，简化节能（节水）产品、环境标志产品政府采购执行机制，对政府采购节能产品、环境标志产品实施品目清单管理，不再发布“节能产品政府采购清单”和“环境标志产品政府采购清单”。由清单向品目的转变，表明了政府采购对绿色节能产品的进一步支持
14	关于公布环境保护节能节水项目企业所得税优惠目录（试行）的通知	财税〔2009〕166 号	资本	绿色智慧	企业从事符合条件的环境保护、节能节水项目的所得，可享受“三免三减半”的企业所得税优惠
15	《节能节水和环境保护专用设备企业所得税优惠目录（2017 年版）》	财税〔2017〕71 号	资本	绿色智慧	环境保护、节能节水、安全生产等专用设备投资额的 10%可抵免企业当年应纳税额
16	《节能产品政府采购实施意见》	财库〔2004〕185 号	资本	绿色智慧	各级国家机关、事业单位和团体组织用财政性资金进行采购的，应当优先采购节能产品，逐步淘汰低能效产品
17	《关于环境标志产品政府采购实施的意见》	财库〔2006〕90 号	资本	绿色智慧	各级国家机关、事业单位和团体组织（以下统称采购人）用财政性资金进行采购的，要优先采购环境标志产品，不得采购危害环境及人体健康的产品

第四类：支持协同共享的财税政策

支持协同共享的财税政策存在的问题和对策建议如表 A-6 所示。

表 A-6 支持协同共享的财税政策存在的问题和对策建议

存在的问题	（1）两业融合支持力度不足；（2）现行电信业增值税税率不合理；（3）增值税留抵退税力度不足；（4）地方政府产业基金投资利用率不高，缺乏对产业新型配套基建的关注；（5）制造业税负仍有下降空间；（6）需要关注政策有效期的设定；（7）以“人才”或“技术”为中间目标的路径较少；（8）尚未建立以“数据”为中间目标的传导路径
对策建议	（1）补齐两业融合政策缺位；（2）统一电信业增值税税率；相机确定优惠政策有效期；（3）提高增值税留抵退税政策力度；（4）适时推动增值税三档并两档改革，择机下调企业所得税税率；（5）建议鼓励地方政府产业基金参与当地产业技改投资与新型基础设施建设；（6）研究制定人才相关的财税政策，尤其是加大对协同共享型人才激励力度；（7）研究制定以技术促进协同共享的财税政策；（8）研究制定通过调节“数据”来促进制造业向协同共享发展的财税政策

支持协同共享的财税政策如表 A-7 所示。

表 A-7 支持协同共享的财税政策

序号	政策名称	文号	中间目标	最终目标	政策内容
1	《关于新型冠状病毒感染的肺炎疫情防控期间免征部分行政事业性收费和政府性基金的公告》	财政部 国家发展改革委公告 2020 年第 11 号	技术	协同共享	对与新型冠状病毒相关的防控产品，免收医疗器械产品注册费；对治疗和预防新型冠状病毒感染的肺炎药品，免收药品注册费
2	《关于印发降低社会保险费率综合方案的通知》	国办发〔2019〕13 号	人才	协同共享	2019 年 5 月 1 日起，降低城镇职工基本养老保险单位缴费比例。各省、自治区、直辖市及新疆生产建设兵团（以下统称省）养老保险单位缴费比例高于 16%的，可降至 16%；目前低于 16%的，要研究提出过渡办法
3	《关于开展财政支持深化民营和小微企业金融服务综合改革试点城市工作的通知》	财金〔2019〕62 号	制度	协同共享	从 2019 年起，中央财政通过普惠金融发展专项资金每年安排约 20 亿元资金，支持一定数量的试点城市。试点期限暂定为 3 年，东、中、西部地区每个试点城市的奖励标准分别为 3000 万元、4000 万元、5000 万元。奖励资金可用于试点城市金融机构的民营和小微企业信贷风险补偿或代偿，或用于试点城市政府性融资担保机构资本补充

续表

序号	政策名称	文号	中间目标	最终目标	政策内容
4	《关于做好 2017 年降成本重点工作的通知》	发改运行〔2017〕1139 号	制度	协同共享	系统部署降成本总体方案及历年重点工作
5	《关于做好 2018 年降成本重点工作的通知》	发改运行〔2018〕634 号	制度	协同共享	系统部署降成本总体方案及历年重点工作
6	《关于做好 2019 年降成本重点工作的通知》	发改运行〔2019〕819 号	制度	协同共享	系统部署降成本总体方案及历年重点工作
7	《关于明确部分先进制造业增值税期末留抵退税政策的公告》	财政部税务总局公告 2019 年第 84 号	制度	协同共享	为进一步推进制造业高质量发展，现明确部分先进制造业纳税人退还增量留抵税额政策：1.自 2019 年 6 月 1 日起，同时符合以下条件的部分先进制造业纳税人，可以自 2019 年 7 月以后纳税申报期向主管税务机关申请退还增量留抵税额：（1）增量留抵税额大于零；（2）纳税信用等级为 A 级或者 B 级；（3）申请退税前 36 个月未发生骗取留抵退税、出口退税或虚开增值税专用发票情形；（4）自 2019 年 4 月 1 日起未享受即征即退、先征后返（退）政策。2.本公告所称部分先进制造业纳税人是指按照《国民经济行业分类》生产并销售非金属矿物制品、通用设备、专用设备及计算机、通信和其他电子设备销售额占全部销售额的比重超过 50%的纳税人。自 2019 年 4 月 1 日起，试行增值税期末留抵税额退税制度。自 2019 年 6 月 1 日起，同时符合以下条件的部分先进制造业纳税人，可以自 2019 年 7 月及以后纳税申报期向主管税务机关申请退还增量留抵税额。以减轻这些企业资金压力，支持企业扩大投资，实现技术装备升级
8	《关于 2018 年退还部分行业增值税留抵税额有关税收政策的通知》	财税〔2018〕70 号	制度	协同共享	为助力经济高质量发展，2018 年对部分行业增值税期末留抵税额予以退还。退还增值税期末留抵税额的行业包括装备制造等先进制造业、研发等现代服务业和电网企业。退还期末留抵税额的纳税人条件为纳税信用等级为 A 级或 B 级。退还期末留抵税额的计算要求以纳税人 2017 年底期末留抵税额为上限，具体公式为：可退还的期末留抵税额=纳税人申请退税上期的期末留抵税额×退还比例

续表

序号	政策名称	文号	中间目标	最终目标	政策内容
9	《关于办理增值税期末留抵税额退税有关事项的公告》	国家税务总局公告2019年第20号	制度	协同共享	自2019年4月1日起，试行增值税期末留抵税额退税制度。申请条件如下：（1）自2019年4月税款所属期起，连续六个月（按季纳税的，连续两个季度）增量留抵税额均大于零，且第六个月增量留抵税额不低于50万元；（2）纳税信用等级为A级或者B级；（3）申请退税前36个月未发生骗取留抵退税、出口退税或虚开增值税专用发票情形的；（4）申请退税前36个月未因偷税被税务机关处罚两次及以上的；（5）自2019年4月1日起未享受即征即退、先征后返（退）政策的。增量留抵税额指与2019年3月底相比新增加的期末留抵税额。退还公式如下：允许退还的增量留抵税额=增量留抵税额×进项构成比例×60%
10	《关于印发〈企业所得税若干政策问题的规定〉的通知》	财税字〔1994〕009号	制度	协同共享	极少数城镇集体企业和乡镇企业由于特殊原因需要缩短折旧年限的，可由企业提出申请，报省、自治区、直辖市一级地方税务局商财政厅（局）同意后确定
11	《关于优化纳税缴费服务配合做好新型冠状病毒感染肺炎疫情防控工作的通知》	税总函〔2020〕19号	制度	协同共享	在全国范围内将2月份纳税申报期限延长至2月24日，湖北地区延长至3月6日，对受疫情影响办理申报仍有困难的纳税人可依法申请进一步延期。鼓励各地积极拓展“非接触式”办税缴费服务
12	《政府采购促进中小企业发展暂行办法》	财库〔2011〕181号	制度	协同共享	政府部门采购预算，预留一部分额度面向中小企业，提供同样的服务、同样的货物，要支持中小企业，通过设定一定额度来强化这种导向；对小微企业参与采购竞争时给予价格扣除政策，让它有竞争能力；拟建立预付款保函制度，如果小微企业有了订单，提供了保函，可以提前预付一部分货款
13	《工业和信息化部办公厅 国家开发银行办公厅关于开发性金融支持特色产业精准扶贫项目试点和推进矿物功能材料产业示范基地建设的通知》	工信厅联原〔2017〕98号	资本	协同共享	对满足授信要求的项目，可提供中长期项目贷款和配套流动资金贷款，主要用于设备购置和厂房、仓储物流、配套基础设施和公共服务平台等建设
14	《关于支持金融强化服务 做好新型冠状病毒感染肺炎疫情防控工作的通知》	财金〔2020〕3号	资本	协同共享	明确中央财政对疫情防控重点保障企业给予贴息支持，财政部针对疫情防控重要物资生产保障企业，按人民银行再贷款利率的50%给予不超过1年的贴息，资金从普惠金融发展专项资金中安排

续表

序号	政策名称	文号	中间目标	最终目标	政策内容
15	《关于印发贯彻鲁政办发〔2020〕4 号文件支持中小企业平稳健康发展相关政策实施细则的通知》	贯彻鲁政办发〔2020〕4 号文件	资本	协同共享	山东省规定，对国家确定的疫情防控重点保障企业，2020 年新增的企业贷款，中央财政已按人民银行再贷款利率 50%给予贴息；对省确定的疫情防控重点保障企业，省财政按人民银行再贷款利率 50%给予贴息，贴息期限不超过 1 年
16	《关于企业固定资产加速折旧所得税处理有关问题的通知》	国税发〔2009〕81 号	资本	协同共享	进一步限定了可以采用加速折旧法的固定资产范围，即企业拥有的用于生产经营的主要或关键的固定资产
17	《关于进一步完善固定资产加速折旧企业所得税政策的通知》	财政〔2015〕106 号	资本	协同共享	对轻工、纺织、机械、汽车等四个领域重点行业的企业 2015 年 1 月 1 日后新购新的固定资产，可由企业选择缩短折旧年限或采取加速折旧的方法
18	《关于扩大固定资产加速折旧优惠政策适用范围的公告》	财税〔2019〕66 号	资本	协同共享	适用财税〔2014〕75 号与财政〔2015〕106 号规定固定资产加速折旧优惠的行业范围，扩大至全部制造业领域
19	《关于完善固定资产加速折旧企业所得税政策的通知》	财税〔2014〕75 号	资本	协同共享	（1）企业 2014 年 1 月 1 日后新购进的固定资产可选择缩短折旧年限或者采用双倍余额递减法、年数总和法加速折旧。（2）企业持有的单位价值不超过 5000 元的固定资产；小微企业 2014 年 1 月 1 日后新购进的研发和生产经营共用的单价不超过 100 万元的仪器设备一次性扣除。（3）2014 年 1 月 1 日后新购进的专门用于研发的单价超过 100 万元的仪器设备可选择缩短折旧年限或者采用双倍余额递减法、年数总和法加速折旧
20	《关于支持新型冠状病毒感染的肺炎疫情防控有关捐赠税收政策的公告》	财政部 税务总局公告 2020 年第 9 号	资本	协同共享	对单位和个体工商户无偿捐赠用于疫情防治的货物，免征增值税、消费税、城市维护建设税、教育费附加和地方教育附加
21	《关于支持新型冠状病毒感染的肺炎疫情防控有关税收政策的公告》	财政部 税务总局公告 2020 年第 8 号	资本	协同共享	（1）对疫情防控重点物资生产企业，全额退还 2020 年 1 月 1 日后增值税增量留抵税额。（2）对疫情防控重点物资生产企业为扩大产能新购置的相关设备，允许一次性计入当期成本费用在企业所得税税前扣除。（3）对纳税人运输疫情防控重点物资取得的收入，免征增值税

续表

序号	政策名称	文号	中间目标	最终目标	政策内容
22	《关于印发〈促进大中小企业融通发展三年行动计划〉的通知》	工信部联企业〔2018〕248 号	资本	协同共享	政府机构应预留本部门年度采购预算总额 30%以上面向中小企业，其中预留给小型和微型企业的比例不低于 60%（中小企业无法提供的商品和服务除外）。鼓励大型企业与中小企业组成联合体共同参加政府采购，联合体中约定小型、微型企业的协议合同金额占到联合体协议合同总金额 30%以上的，可给予联合体 2%～3%的价格扣除